ÉDITIONS SAINT-SÉBASTIEN

-2016-

CREDO

OU

REFUGE DU CHRÉTIEN

DANS LES TEMPS ACTUELS

Domine, salva nos : perimus.
Seigneur, sauvez-nous : nous périssons.
S. MATTH., VIII, 25.

PAR

Mgr GAUME

PROTONOTAIRE APOSTOLIQUE
Docteur en théologie.

2e Édition.

PARIS

GAUME FRÈRES ET J. DUPREY, ÉDITEURS
RUE CASSETTE, 4

1867

CREDO

OU

REFUGE DU CHRÉTIEN

DANS LES TEMPS ACTUELS

IMPRIMATUR

Datum Versaliis Die 17 Decembris 1866.

D. BOUIX, *Vic.-Gen. Versal.*

Corbeil, typ et ster. de Crété.

AVIS

La publication du *Credo* a valu à son auteur le précieux encouragement de la cour de Rome, dont voici la traduction littérale :

« ILLUSTRISSIME ET RÉVÉRENDISSIME SEIGNEUR,

« L'établissement et la propagation du christianisme est un fait qui par son évidence exclut toute espèce de doute, et qui s'écarte tellement des règles de la prudence humaine que refuser d'y reconnaître l'action irrésistible et souverainement miraculeuse de la toute-puissance divine, c'est se condamner, comme dit saint Augustin, à admettre un miracle plus grand que tous les miracles.

« La divinité de l'Instituteur et de l'Institution

(1) Paris, GAUME FRÈRES et J. DUPREY, éditeurs, 3, rue de l'Abbaye.

une fois établie, s'écroulent d'eux-mêmes tous les sophismes contre la crédibilité des dogmes, toutes les prétentions mensongères contre la possibilité d'accomplir les préceptes. Bien mieux, plus les objections deviennent pressantes, plus le miracle devient manifeste. La raison en est qu'il demeure impossible de détruire et de nier un fait dont la durée, tant de fois séculaire, prouve chaque jour avec une nouvelle évidence la réalité de l'action divine.

« Aussi, Notre Très-Saint-Père le Pape Pie IX vous félicite d'avoir choisi ce moyen le plus expéditif de tous et le mieux à portée de toutes les intelligences, pour abattre d'un seul coup tous les monstrueux systèmes d'erreurs qui, de jour en jour, nous envahissent; pour affermir les fidèles et pour mettre à néant toutes les arguties des sophistes. Sa Sainteté espère que la petitesse même du volume sera un attrait qui portera tout le monde à le lire, surtout les jeunes gens, afin d'y trouver des armes tout à la fois défensives et offensives.

« *Tel est le fruit désiré que le Saint-Père souhaite à votre ouvrage; et comme gage de la bénédiction divine et comme preuve de sa paternelle bienveillance, Sa Sainteté vous donne avec la plus vive affection la bénédiction apostolique.*

« A ces choses que je suis chargé de vous annoncer, je me trouve heureux d'ajouter l'expression de ma reconnaissance particulière et de mon respect, en priant Dieu qu'il vous comble de ses faveurs et de ses grâces.

« Je suis, Illustrissime et Révérendissime Seigneur, votre très-humble et très-dévoué serviteur.

FR. MERCURELLI

Secretaire de Sa Sainteté pour les lettres latines.

ROME, 8 *Mai* 1869.

Des évêques français et étrangers, des supérieurs de grands séminaires, des prêtres distingués, des religieux, des hommes du monde se sont empressés d'exprimer à l'auteur leurs félicitations sur l'opportunité de la publication du *Credo*.

Quelques extraits pris au hasard feront connaître le caractère de ces témoignages :

« Puisse le vœu du Saint-Père au sujet de la diffusion rapide et étendue de votre nouveau petit traité : le *Credo*, s'accomplir partout, et spécialement en France, où les exemples récents de l'École de Médecine et de l'École normale laissent deviner quelles désolantes doctrines fermentent au cœur d'une partie de la jeunesse ! »

— « Votre *Credo* est la meilleure réfutation de RENAN et de tous les incrédules passés, présents et futurs. Nous le lisons au réfectoire. Nos Pères en sont enchantés ; il devrait être dans toutes les maisons d'éducation. »

— « Votre petit *Credo* est le plus sûr préservatif contre l'impiété qu'on puisse offrir aux jeunes gens, aux jeunes personnes et à tous ceux qu'effrayent les gros livres. »

— « Je lis avec autant de plaisir que de profit votre nouvel opuscule ; il me paraît si utile que je m'en suis fait le propagateur. »

— « Pendant le carême, nous lisons chaque soir quelques pages du *Credo*. Nos bonnes gens en sont ravis. »

— « Votre démonstration de la divinité du christianisme est claire, courte, éloquente, irréfutable. »

Nulle part, je n'ai vu exposé avec tant d'éclat le raisonnement péremptoire de saint Augustin sur la nécessité de recourir au miracle pour expliquer l'établissement du christianisme.

Quiconque lira cet opuscule dira sans hésiter, s'il veut être sincère : *Credo*. Je l'ai lu d'un seul trait et je ne trouve pas d'expression pour vous dire tout le plaisir que cette lecture m'a fait éprouver.

CORBEIL. — Typ. et stér. de CRÉTÉ FILS

AVANT-PROPOS

Deux paroles seulement sur le titre de cet opuscule.

CREDO : mot tout-puissant. Comparée aux merveilles qu'il opère, la création du ciel et de la terre ne semble qu'un jeu. Avec ce seul mot, les premiers Chrétiens firent reculer le monde païen, lassèrent les bourreaux et vainquirent les Césars.

CREDO : mot toujours ancien et toujours nouveau, toujours nécessaire et toujours efficace. Seul, il peut donner aux fils la victoire qu'il obtint aux aïeux : *Hæc est victoria quæ vincit mundum fides nostra.*

CREDO : mot odieux à l'enfer, dont tous les efforts se résument à le bannir du langage et à l'arracher du cœur des individus et des peuples.

REFUGE : Au pied du grand Saint-Bernard, sur le bord du difficile sentier qui monte au célèbre hospice, est une habitation de modeste apparence, mais construite en pierres de taille, fortement voûtée et toujours ouverte : on l'appelle le *Refuge.*

C'est là que le voyageur devancé par la nuit ou assailli par la tourmente trouve un asile assuré.

En vain, les vents déchaînés, sinistres précurseurs de l'orage, ébranlent les forêts d'alentour ; en vain d'épaisses masses de neige, poussées en sens contraires, obscurcissent l'horizon ; en vain l'ours noir rôde dans le voisinage, cherchant sa proie ; en vain l'avalanche se précipite du flanc des glaciers, rapide comme la foudre, pesante comme un montagne qui s'écroule : tranquille sous sa voûte de granit, le voyageur se rit du danger.

Quand les éléments conjurés ont calmé leur fureur, quand les bêtes féroces sont rentrées dans leurs tanières et que le ciel est redevenu serein, il reprend, reconnaissant et joyeux, sa route escarpée vers le couvent hospitalier.

Plus exposé que le voyageur des Alpes est le chrétien du dix-neuvième siècle. Des ouragans, des tourmentes, des animaux malfaisants, des avalanches bien autrement redoutables menacent sa vie, sa vraie vie. Chaque jour et presque à chaque heure il a besoin d'un REFUGE.

Ce **REFUGE**, il le trouve dans ce mot : **CREDO.**

Lui faire connaître l'existence, la nécessité, la sûreté de ce refuge, afin qu'aux heures du péril il s'y mette à couvert, certain d'échapper à toutes les attaques de ses ennemis, si perfides ou si violents qu'ils soient : tel est le but de cet opuscule.

CREDO

OU

REFUGE DU CHRÉTIEN

DANS LES TEMPS ACTUELS.

CHAPITRE I.

RAISON DE CET ÉCRIT.

I

Nombreuses comme les atomes de l'air, funestes comme les miasmes des marais pestilentiels, des erreurs de tout genre circulent dans l'Europe moderne. Excepté aux plus mauvais jours de l'ancien paganisme, rien de pareil ne s'est vu.

Ces erreurs atteignent aujourd'hui leur dernière formule. Rationalisme, Panthéisme, Matérialisme, Athéisme, Naturalisme, Césarisme, Sensualisme, Positivisme, Socialisme, Solidarisme, Spiritisme : leur nom seul épouvante.

II

Avec une activité sans exemple, la parole, les arts et la presse les propagent. Ces prodigieux moyens de communication, inconnus des siècles antérieurs au nôtre, semblent n'avoir été inventés que pour leur servir de véhicules plus variés et plus rapides. Chaque soir, mille chars de feu partent de Paris, de Londres, de Vienne, de Berlin, des grandes et même des petites capitales, emportant des cargaisons de doctrines empoisonnées, qu'ils déposent dans tous les lieux où ils passent.

III

Le lendemain, sous toutes les formes : livres, journaux, revues, pièces de théâtre, pamphlets, brochures, chansons, gravures, tous ces produits de cerveaux en délire tombent sur l'Europe, comme les nuées de sauterelles ravageuses sur le sol africain. Quelques heures après, ils ont pénétré partout. Vous les trouvez dans le salon du riche et dans la loge du concierge ; dans les cafés, dans les cabarets, dans les ateliers, jusqu'au fond des campagnes, sous le chaume du laboureur, distillant leur venin dans les âmes et devenant l'Évangile des peuples.

IV

De cette propagande universelle et incessante quels sont les résultats ? La vue de ce qui se passe les manifeste en partie. Que se passe-t-il ? Les effets de la *liqueur de feu* sur le sauvage, ces monstrueuses erreurs les produisent sur le civilisé. En dehors du catholicisme, l'homme actuel ne se connaît plus. Il nc sait ni ce qu'il est, ni d'où il vient, ni où il va. Il ne sait ni s'orienter, ni se tenir ferme dans le chemin du juste et du vrai ; ni commander, ni obéir, ni aimer, ni prier, ni souffrir, ni mourir.

V

N'ayant plus la force de rien affirmer, nier est toute sa science. Aujourd'hui il nie tout : il nie Dieu ; il nie la Providence ; il nie la Bible ; il nie Jésus-Christ ; il nie l'Église ; il nie le Pape ; il nie l'âme ; il nie le droit ; il nie l'autorité ; il nie la propriété ; il nie la famille ; il nie la distinction essentielle du bien et du mal ; il nie le présent ; il nie l'avenir ; il se nie lui-même.

VI

C'est dans un tel ébranlement de toute croyance ; au milieu de cette confusion de Babel et des ténèbres effrayantes d'une nuit de plus en plus épaisse ; à travers cette grêle incessante de traits enflammés ; au sein de cette atmosphère profondément corrompue ; parmi tant de défections scandaleuses ; à une époque, enfin, où Satan, avec un ensemble, une science et une vigueur sans exemple, fait jouer tous ses béliers contre le christianisme, et semble préparer une nouvelle chute de l'humanité : c'est dans un pareil milieu que doit vivre le chrétien du dix-neuvième siècle.

VII

Vivre pour le chrétien, c'est conserver sa foi, intègre, inébranlable, agissante.

Comment accomplira-t-il ce miracle ?

Fermer les yeux pour ne rien voir, les oreilles pour ne rien entendre ? Impossible.

Réfuter une à une, de parole ou de pensée, les innombrables erreurs qui l'assiégent, et qui chaque jour changent de masque? Impossible.

VIII

Cette situation, il faut en convenir, fait peur et pitié.

Peur et pitié, avant tout, pour les jeunes générations qui, ne pouvant comparer le présent au passé, s'endorment sans défiance sur l'idée que le monde est dans son état normal, et que les périls d'aujourd'hui ne sont ni plus grands ni plus nombreux que les périls d'hier.

Peur et pitié, pour le chrétien faiblement instruit des choses religieuses et tout absorbé par les préoccupations terrestres.

Peur et pitié pour tous, parce que,

selon de trop solides apparences, ce que nous voyons n'est que le commencement des douleurs.

IX

Que faire pour sauver ceux qui veulent encore être sauvés?

Leur procurer un *refuge* : un refuge assuré et ouvert à tous ; un bouclier facile à porter et à l'épreuve des meilleures armes de l'ennemi ; une ancre de miséricorde qui retienne leur barque immobile, au milieu des flots agités, et la préserve du terrible naufrage, où tant d'autres périssent et périront.

Sauf erreur, un pareil service n'est-il pas aujourd'hui la première des aumônes, la plus urgente des nécessités ?

X

Quel sera ce refuge, ce bouclier, cette ancre de salut?

Le raisonnement ?

Non.

Dans un siècle où le sophisme est roi, le raisonnement n'a point ou que peu de valeur. Son scalpel d'une main, son éteignoir de l'autre, le premier sophiste venu vous attaque les arguments les plus solides. Il les obscurcit, les dissèque, les dénature, les élude et finit par les livrer aux risées de la foule ignorante ou lettrée.

Que faut-il donc ?

Des faits ?

De quelle nature ?

Des faits qui, d'une part, offrent un repère inexpugnable au chrétien assailli par le doute, et qui, d'autre part, enferment le champion de l'erreur dans un cercle de fer, d'où il ne puisse sortir que par deux issues : la FOI, ou la FOLIE.

XI

Au lieu d'un grand nombre, on comprend quo le mieux serait d'avoir quelques faits seulement. Un seul, s'il pouvait suffire, serait la perfection.

Or, ce fait existe; et sur cet unique fait repose immobile, comme la citadelle bâtie sur le roc, le CREDO du chrétien.

Immense, il remplit le monde, et s'impose de lui-même à la foi de l'humanité.

Lumineux comme le soleil, il n'exige, pour être compris, ni raisonnement, ni étude, ni fatigue : il ne demande que des yeux.

Inflexible comme un axiome de géométrie, il ne laisse aucun subterfuge à l'erreur.

Inébranlable comme les pyramides du désert, il est un château fort, d'où la jeune chrétienne de quinze ans peut défier toutes les attaques du sophisme, tel que soit le cerveau qui l'enfante, les lèvres qui l'expriment ou la main qui l'écrive.

Redoutable comme une armée rangée en bataille, il a toujours été, il est encore, il sera éternellement le cauchemar de l'incrédule.

Quel est ce fait?

Nous allons le dire.

CHAPITRE II.

LE GRAND FAIT.

I

LE MONDE ADORE UN JUIF CRUCIFIÉ.

Voilà le fait.

En face de ce géant du monde moral, se rencontrent également, sans pouvoir l'éviter, le croyant et l'incrédule.

Pour comprendre la valeur de ce fait étourdissant, il faut le décomposer et l'étudier pièce à pièce, en lui-même et dans ses conséquences.

II

LE MONDE. Et quel monde? C'est le monde des lumières. C'est l'Europe, l'Amérique, la portion intelligente de l'Asie et de l'Afrique. C'est l'éternelle patrie des grands hommes et des grands peuples ; la terre nourricière du génie, de la science, de la littérature et des arts. En un mot, c'est, sans contredit, la partie la plus éclairée ou même la seule éclairée du genre humain, et la moins disposée à se laisser séduire par l'imposture, dominer par les préjugés.

III

Ce monde ADORE. Qu'est-ce à dire? c'est-à-dire, qu'il croit d'une foi inébranlable qu'un Juif crucifié est Dieu, le Créateur des mondes, le Modérateur des empires, l'Éternel, le Tout-Puissant, le Juge suprême des vivants et des morts. En conséquence, il lui rend un culte souverain et ne le rend qu'à lui seul. A lui seul, il élève des temples et offre des sacrifices. Vers lui seul, il fait monter ses vœux et ses actions de grâces. En lui seul, il met ses espérances. De lui seul, il attend tous les biens. Pour lui seul est son amour : amour manifesté par des sacrifices de tout genre, même les plus coûteux à la nature.

IV

Un Juif crucifié. L'objet de ce culte universel, éclatant, invariable de l'élite du genre humain, c'est un Juif crucifié. Qu'est-ce qu'un Juif? A l'époque où vécut le Juif adoré, Jésus de Nazareth, les Juifs étaient le ridicule du reste du monde. Bassesse, ignorance, superstition, fourberie, étaient synonymes de leur nom. La preuve en est dans les auteurs païens : tels que Cicéron, Horace, Tacite, Suétone, Martial.

Loin de modifier l'opinion en leur faveur, le temps l'a rendue plus hostile. De ridicules, les Juifs sont devenus odieux. Pendant dix-sept siècles, le Juif a été parqué dans les villes chrétiennes, comme un être dangereux et impur. En France, il y a moins de quatre-vingts ans, on lisait sur les grilles de certaines promenades publiques : *Le juif et le cochon n'entrent pas ici*. En Afrique, l'Arabe mahométan peut encore impunément insulter le juif, le tirer par la barbe, le frapper, lui cracher au visage.

V

A changer cette antipathie universelle, l'émancipation moderne est impuissante. Du Juif elle peut faire un citoyen : elle n'en fera jamais un Français, un Allemand, un Anglais. Devant la loi, l'égal des autres habitants, le Juif ne l'est pas dans l'estime publique. Celle-ci ne lui vient que dans la proportion, où il cesse d'être Juif. Cela est si vrai qu'aujourd'hui encore, pour peindre, d'un seul mot, un traître, un fourbe, un usurier, on dit : *c'est un Juif*. Le Juif lui-même rougit de s'appeler Juif, tant il sent ce nom avili. Il en affecte un autre, celui d'Israélite.

VI

Jésus de Nazareth n'est pas seulement un Juif, c'est un Juif CRUCIFIÉ. Au temps où il la subit, la crucifixion était de tous les supplices le plus ignominieux. « Des esclaves, des brigands, des assassins, des séditieux, le supplice était la croix. Ils y demeuraient pendus, jusqu'à ce qu'ils mourussent de faim, de soif, de douleurs ; après leur mort, pâture des chiens et des corbeaux (1). »

VII

Ainsi, qui dit Juif crucifié, dit tout ce qu'il y a de plus vil parmi les plus vils, de plus maudit parmi les maudits, de

(1) Servorum, latronum, sicariorum et seditiosorum supplicium crux erat, cui illi affigebantur, et in ea pendebant, donec fame, siti, doloribus enecarentur, post mortem suam canum et corvorum relicti cibus. Itaque supplicio illo non aliud apud Romanos infame magis et acerbum magis. (Lamy, *Dissert. de Cruce*, § 1, p. 573.)

plus diffamé parmi les diffamés, l'opprobre même de la populace et le dernier rebut des nations.

Il suit de là, qu'en adorant un Juif crucifié, le monde, et le monde civilisé, est tout ensemble acteur et témoin d'un fait qui dépasse les dernières limites de l'absurde :

UN VER DE TERRE SUR LES AUTELS DU GENRE HUMAIN. (1).

Voilà le fait.

(1) *Vermis et non homo.* Ps. XXI, 7.

CHAPITRE III

HISTOIRE DE CE FAIT

I

Quand et comment s'est produit l'étrange phénomène, que nous avons sous les yeux?

Ce fait remonte à dix-huit cents ans. Mille fois par jour, le monde actuel le proclame. Siècles, années, événements historiques, traités de paix ou de guerre, contrats civils, transactions commerciales, actes quelconques de la vie publique ou de la vie privée : tout chez lui date de là. Nier le soleil ne serait pas plus insensé que de nier ce premier fait.

Or, il y a dix-huit cents ans, le monde entier, les Juifs exceptés, adoraient des milliers de divinités. Nier le second fait n'est pas moins impossible que de nier le premier.

II

Pour détrôner ces milliers de dieux et leur substituer, dans le culte du genre humain, le Juif crucifié, il fallait d'abord renverser le Judaïsme et le Paganisme. En d'autres termes : il s'agissait de déclarer la guerre à tous les peuples et de les attaquer dans ce qu'il y a de plus sacré au fond du cœur humain, le sentiment religieux.

Chez les Juifs et chez les Païens, le sentiment religieux était d'autant plus fort, qu'il se confondait avec les préjugés les plus flatteurs pour l'orgueil national. Tous croyaient leurs institutions politiques inviolablement attachées à la conservation de leur religion.

III

L'histoire à la main, les Juifs prouvaient que les prospérités et les revers de leur nation étaient toujours venus de sa fidélité ou de son infidélité à Jéhova.

Sur la foi des oracles, Rome, maîtresse du monde, regardait le culte de ses dieux, comme la cause de ses succès et le gage de la durée éternelle de son empire.

Ainsi, à tel point de vue qu'on l'envisage, l'entreprise est un tissu de difficultés plus grandes les unes que les autres.

CHAPITRE IV

PREMIÈRE DIFFICULTÉ

Détruire le Judaïsme.

I

L'entreprise présente deux phases : la phase de destruction et la phase de reconstruction. Abolir la religion de tous les peuples et lui en substituer une autre : double aspect sous lequel il faut étudier cette immense révolution.

Relativement au reste de l'humanité, les Juifs étaient en petit nombre, il est vrai ; mais ils avaient pour leur religion un attachement *très-vif*, *très-fondé*, *très-intéressé*.

II

Attachement très-vif. Depuis plusieurs siècles, ils étaient radicalement guéris de leur penchant à l'idolâtrie. Plutôt que de renoncer à la loi de Moïse, ils avaient souffert, de la part des rois de Syrie, les pillages, les dévastations, les avanies et tous les genres de mauvais traitements. Pour la défense de leur foi, un grand nombre avaient, sous la conduite de Mathathias de s et es fils, versé leur sang sur les champs de bataille; d'autres, comme Éléazar et les Machabées, l'avaient généreusement confessée devant les tyrans, et, plutôt que de l'abjurer, s'étaient laissé mettre à mort au milieu des plus affreux supplices.

III

Attachement très-fondé. Le Judaïsme était la religion véritable. Elle avait Dieu lui-même pour auteur; les patriarches et les prophètes, la gloire de la nation, pour interprètes; les Juifs eux-mêmes, pour seuls dépositaires. Jérusalem était la ville sainte par excellence. Son temple, l'unique sanctuaire dans le monde, où le vrai Dieu accueillait les adorations des hommes et rendait ses oracles. Une longue suite de prodige servait de fondement à cette religion. La fidélité des enfants d'Israël à cette loi descendue du ciel, avait été la source de bénédictions innombrables. Elle leur avait mérité les bonnes grâces des plus fiers conquérants; elle faisait encore leur supériorité sur les autres peuples.

IV

Attachement très-interressé. L'interprétation mensongère donnée aux prophéties par les pharisiens, flattait tellement l'orgueil national, qu'elle était devenue la base de toutes les espérances. Avec une opiniâtreté fanatique, les Juifs attendaient un Messie conquérant, qui les délivrerait du joug odieux des Gentils, qui leur mettrait en main le sceptre de l'univers et ferait revivre, avec de nouvelles splendeurs, les beaux jours du règne de Salomon.

V

Or, il fallait leur persauder que l'interprétation pharisaïque des prophéties était une erreur ; leur attente d'un Messie conquérant, une chimère ; leur religion, une ombre vaine qui allait faire place à la réalité ; leur titre, jusqu'alors exclusif de peuple de Dieu, un titre qui devait être partagé par tous les peuples.

Il fallait leur persuader que leur haine et leur mépris héréditaires pour les Gentils, étaient deux sentiments coupables, à remplacer par un amour de frères, sans restriction ni réserve. En conséquence, ils devaient passer par-dessus les défenses de la loi de Moïse, qui leur interdisait tout commerce religieux avec les païens, et, sous peine de damnation éternelle, adorer avec eux, d'un même culte, dans les mêmes temples un homme jugé, condamné, supplicié, d'un commun accord, par eux et par les païens, comme un insigne malfaiteur, et le reconnaître pour l'unique Dieu du ciel et de la terre.

CHAPITRE V

SECONDE DIFFICULTÉ

Détruire le Paganisme.

I

Les païens ne se montraient pas moins que les Juifs attachés à leur religion. Pour élever cet attachement à son plus haut degré, au sentiment religieux se joignait l'intérêt des passions. Loin de les gêner, le paganisme flattait tous les penchants les plus chers à l'homme dégradé. L'esprit n'était point obligé de courber son orgueil sous le joug de mystères impénétrables. Nulle autorité ne le contraignait, d'ailleurs, à recevoir comme règle de croyance ce qu'il lui plaisait de rejeter.

II

La morale du paganisme n'était pas plus gênante que le dogme. Elle laissait le cœur parfaitement libre de ses affections. Les désordres pour lesquels l'homme éprouve un penchant si impérieux, étaient non-seulement permis, ils étaient en honneur : on leur décernait même des récompenses. Que dis-je ? consacrés par l'exemple des dieux, ils étaient en quelque sorte obligatoires. Les excès d'intempérance et de luxure formaient le fond des mystères de Bacchus, de Cybèle et de Vénus. Se livrer à une prostitution publique était un acte de religion.

III

L'idée d'une vie à venir ne répandait point d'amertume sur les plaisirs de la vie présente. Pour la plupart des païens, la mort était le retour au néant. Les plus habiles admettaient la transmigration successive des âmes, qui finissaient toutes par arriver au bonheur. Dans leur Tartare, plus ou moins éternel, on ne punissait que certains crimes monstrueux, pour lesquels les hommes ont naturellement de l'horreur, et que presque tous évitent sans effort. Les autres désordres ne fermaient point l'entrée des Champs-Élysées (1).

VI

Le culte du paganisme n'était pas moins attrayant que son dogme et sa morale. Pour honorer les dieux on se rendait à des temples superbes. Des prêtres, vêtus magnifiquement, immolaient des victimes, ornées avec pompe. Des adolescents de l'un et de l'autre sexe, parés de longues robes blanches et couronnés de fleurs, servaient de ministres.

Les empereurs, les consuls, les magistrats, les sénateurs avec les marques de leur dignité, rehaussaient par leur présence l'éclat des cérémonies. L'air était rempli de doux parfums qu'on brûlait avec profusion. Les plus belles voix

(1) Bullet, *Discours sur l'établissement du Christ.*

et les instruments les plus agréables formaient des concerts ravissants. Le sacrifice était suivi de festins, de danses, de jeux, de combats de gladiateurs, d'illuminations, de spectacles féeriques. A ces fêtes religieuses, Rome consacrait près de la moitié de l'année (1).

V

Ajoutez que tout ce qui peut autoriser un culte appuyait cette religion si commode. On l'avait sucée avec le lait; on la regardait comme le plus précieux héritage des ancêtres. Les peuples estimaient que leur bonheur y était attaché; ils en faisaient le fondement de leurs républiques et de leurs États. Elle leur était si chère qu'ils combattaient pour sa défense, avec plus d'ardeur que pour leur propre vie.

VI

Cette religion était si ancienne que son

(1) Bullet, *Discours sur l'établissement du Christ.*

origine se perdait dans la nuit des temps. On croyait qu'elle avait commencé avec le monde et que les dieux mêmes en étaient les auteurs. Tous les siècles, toutes les nations lui rendaient témoignage. Les plus grands orateurs la vengeaient des outrages qu'on osait lui faire, et souvent les dieux faisaient éclater leur courroux contre les profanateurs, par des châtiments exemplaires. Les généraux d'armée, les plus fiers conquérants n'osaient partir pour leurs expéditions, sans aller solennellement invoquer les dieux, aux temples desquels ils venaient, au retour, suspendre les trophées de leurs victoires.

VII

Si les dieux faisaient sentir leur colère, ils faisaient aussi éprouver leur puissante protection. Le monde était couvert de temples, remplis d'inscriptions qui perpétuaient le souvenir de leurs bienfaits et la reconnaissance de ceux qui les avaient reçus. Les histoires étaient pleines de leurs prodiges. Telle était la confiance qu'inspiraient leurs oracles, qu'on n'osait rien entreprendre sans les avoir consultés.

Depuis plus de deux mille ans, tout ce que l'Orient et l'Occident connaissaient de plus distingué s'était rendu en procession à certains temples, fameux par la suite continuelle de prodiges qui s'y accomplissaient tous les jours, et où les dieux apparaissaient sous forme humaine.

Les vers sibyllins promettaient à Rome qu'elle conserverait le sceptre du monde, tant qu'elle observerait ses anciennes cérémonies; et cette ville marquait un zèle ardent pour soutenir une religion qui lui assurait de si grandes destinées.

C'est ainsi que le ciel et la terre, les dieux et les hommes concouraient à affermir le paganisme.

CHAPITRE VI.

TROISIÈME DIFFICULTÉ

Établir le Christianisme.

I

Détruire le judaïsme et le paganisme n'était que la première et la moins difficile partie de l'entreprise. Sur leurs ruines élever le Christianisme, était la seconde.

Or, qu'était-ce que le Christianisme ? c'était l'adoration d'un Juif crucifié, remplaçant sur tous les autels du monde, l'éternel Jéhova et le grand Jupiter. C'était, pour le Juif comme pour le Païen, le plus monstreux sacrilége. C'était le renversement complet de la raison, et la plus éclatante folie. Pour les moins hostiles, le Christianisme était une religion nouvelle, absurde, impossible, décriée d'avance par le supplice iegnominiux de son auteur et méprisable par l'obscurité de ses adeptes.

II

Pour un grand nombre, tant parmi les Juifs que parmi les Gentils, le Christianisme était quelque chose de plus odieux encore. C'était l'apparition formidable de la vérité, de cette vérité accusatrice que l'homme redoute comme un fléau, parce qu'elle condamne ses œuvres de ténèbres, le fatigue de ses impitoyables lumières et le poursuit de ses remords implacables. Quel ne dut pas être l'effroi, le frémissement, la rage de tous ces hommes au cœur corrompu, dont le monde était plein, lorsqu'ils reconnurent cette Reine absolue, qui venait revendiquer ses droits usurpés (1)?

(1) Illuminans tu mirabiliter a montibus æternis, turbati sunt omnes insipientes corde. Ps. LXXV.

III

Si l'homme qu'on appelle le plus sage des philosophes, Socrate, fut, dit-on, condamné à boire la ciguë pour avoir osé rappeler une seule de ces vérités réformatrices, comment seront accueillis ceux qui viendront les proclamer toutes, avec une autorité qui ne permet pas de réplique?

Ainsi, par une coïncidence inouïe, et l'ignorance du vulgaire et la science des sages, conspiraient avec une égale force contre l'établissement du Christianisme.

IV

Il faut le dire : leur plus redoutable complice était le Christianisme lui-même. Dans son dogme, c'était une religion toute hérissée de mystères incroyables. Elle prêchait un dieu juif, et juif crucifié ; un Dieu unique, et trois personnes dans ce Dieu; un Dieu homme, né d'une vierge; un Dieu qu'on mange sous la forme d'un morceau de pain, qu'on boit sous l'apparence de quelques gouttes de vin; et cent autres dogmes également ridicules aux yeux de la raison. Tous ces dogmes il fallait les admettre sans mot dire et avec tant de conviction, qu'on devait être prêt à mourir pour les défendre, sous peine de tomber, au sortir de la vie, dans des brasiers éternels.

V

Dans sa morale, c'était une religion effrayante de sévérité et d'austérité. Effrayante de sévérité; elle ne se contentait pas de condamner les actions coupables. Elle proscrivait les paroles, les regards, les moindres gestes opposés à quelqu'une des vertus qu'elle prêchait, et elle les prêchait toutes. Descendant jusqu'au fond des consciences, elle allait chercher la fibre la plus délicate et l'arrachait sans pitié. A ses yeux, la pensée du mal, fugitive mais consentie, était un crime punissable d'une éternité de supplices.

VI

Effrayante d'austérité ; elle ne parlait que de crucifiement, de larmes, de mortifications, de jeûnes, de vigilance continuelle, de combats contre soi-même, d'aveux humiliants et de cent autres pratiques plus gênantes, et, en apparence, plus absurdes les unes que les autres.

Pour n'en citer qu'un exemple : « On disait à un homme qui demandait d'être chrétien : Si vous voulez être de notre religion, il faut vous déshabiller. Me déshabiller, qui? moi? un honnête homme, un prince, un empereur, un Constantin, me dépouiller? Vous moquez-vous de moi de me dire cela? Oui, il faut vous mettre en chemise en présence d'un de vos vassaux, et le prier de vous plonger dans l'eau, et non jusqu'au cou seulement, mais jusqu'au-dessus de la tête. On baptisait ainsi dans la primitive église(1). »

Elle ordonnait en outre l'observation de lois inconnues, contraires aux coutumes les plus anciennes, aux préjugés les plus universels, tels que le pardon des injures, l'amour des ennemis, la fraternité de tous les hommes et leur égalité devant Dieu : c'est-à-dire, qu'elle attaquait au cœur tout le monde ancien, dont la base sociale était l'esclavage.

VII

Dans son culte, elle n'inspirait pas moins de répulsion. Les magnifiques églises, les brillantes solennités, les cérémonies imposantes qui, aujourd'hui, captivent les sens et attirent les cœurs, étaient inconnues du Christianisme pri-

(1) Le Père Lejeune, *Sermon sur l'établissement de la Foi*, t. V, 451.

mitif. C'était une religion pauvre qui, au lieu de fêtes pompeuses, de danses, de festins, de jeux du cirque, de spectacles de l'amphithéâtre, n'offrait que des images lugubres, des souvenirs sanglants, des lectures sérieuses, des instructions et des prières, dont l'objet n'avait rien de flatteur pour les sens. C'était une religion toute spirituelle et toute d'avenir. Pour récompense, elle ne promettait ici-bas que le mépris des sages, la haine des peuples, la spoliation, la mort sous les formes les plus terribles; et, après la mort, des biens invisibles dont l'homme ne peut se faire une idée.

VIII

Que le monde ancien eût accepté le Paganisme sans résistance et même avec empressement; qu'il s'y montrât fortement attaché, on le conçoit. Établir le Paganisme, c'était ouvrir devant le torrent des passions les digues qui le retiennent. Au contraire, établir le Christianisme, c'était non-seulement arrêter le torrent, mais encore le faire remonter vers sa source. Être attaché au Paganisme, c'était adorer les penchants les plus impérieux et les plus chers. S'attacher au Christianisme, c'était se crucifier vif. Si la première entreprise n'offre rien de difficile, la seconde est un défi porté à toutes les forces humaines.

IX

Par la même cause s'expliquent les succès de Mahomet. A la tête d'armées fanatiques, le chamelier de la Mecque se présente à l'Arabe ignorant et corrompu ; puis, le sabre d'une main, la coupe des plaisirs de l'autre, lui dit : Crois ou meurs.

Dans la foi qu'il demande pendant la vie, est l'autorisation de piller, de tuer, de réduire en esclavage tout ce qui n'est pas croyant ; après la mort, le gage de tous les plaisirs sensuels dans un paradis de voluptés. On conçoit encore qu'en flattant les passions, le mahométisme a pu se faire d'innombrables partisans. Pour obtenir un pareil résultat, il ne faut être ni dieu, ni thaumaturge, ni saint, ni prophète.

X

Il en est ainsi de toutes les prétendues religions qui ont paru dans le monde. Pas une seule qui n'ait dû son origine, ses progrès et sa durée à l'émancipation de l'une des trois concupiscences du cœur humain : l'orgueil, la cupidité, la volupté.

Moins opposée est la lumière aux ténèbres, que le Christianisme à toutes ces fausses religions. Seul il ne pactise avec aucune faiblesse ; seul il attaque de front tous les vices et tous les penchants corrompus ; seul il prêche toutes les vertus et ordonne tous les genres de sacrifices.

Telle est, il faut le répéter, la religion qu'il s'agissait d'établir.

CHAPITRE VII.

QUATRIÈME DIFFICULTÉ

L'étendue de l'entreprise.

I

A qui prétend-on imposer cette effrayante religion?

A quelques bourgades isolées, ignorantes, à demi sauvages?

Non.

A quelques petites villes de l'Orient ou de l'Occident, également étrangères aux lumières et à la corruption du reste du monde?

Non.

Aux peuples barbares seulement, et non aux Égyptiens, aux Grecs, aux Romains, les princes de la civilisation?

Non.

II

Il s'agit de la prêcher à tous les peuples sans exception, à l'Orient et à l'Occident, à l'univers entier. L'entreprise n'aura d'autres bornes que celles du monde. Les glaces du Nord, les feux du Midi, l'immensité de l'Océan, l'âpreté des montagnes, les sables des déserts, seront des barrières impuissantes pour en arrêter le cours. Le colossal empire des Césars, qui se croit lui seul tout l'univers, ne doit faire qu'une partie de cette église qu'on veut établir. Le Romain superbe, l'Asiatique amolli, le voluptueux Indien, le Maure stupide, le fier Germain, le Scythe féroce, entrent tous dans ce projet.

III

Le prétendu empire des climats, la diversité des races, l'antipathie des esprits, la jalousie de gloire, la rivalité de domination, l'opposition d'intérêts, la différence des mœurs, les vices caractéristiques des nations, ne doivent point empêcher tous les peuples de se réunir dans une même société, d'adopter la même foi, de pratiquer le même culte, de s'exercer dans les mêmes vertus et de se regarder comme des frères (1).

(1) Bullet, *Discours sur l'établissement du Christ.*

CHAPITRE VIII.

CINQUIÈME DIFFICULTÉ

Le temps.

I

Quel temps choisit-on pour prêcher cette inconcevable folie et imposer cette religion, non moins sévère dans sa morale qu'absolue dans son dogme?

Sans doute quelqu'un de ces siècles fabuleux, dont parlent les poëtes, où les hommes dispersés dans les forêts, sans instruction, sans lumière, sans défense, étaient disposés à croire toutes les rêveries annoncées par d'habiles imposteurs; siècles d'or, où, sans passions comme sans vices, les habitants de la terre ne trouvaient en eux aucun obstacle à recevoir le joug de la morale, si pesant qu'il fût?

Non.

On choisit le siècle d'Auguste : siècle parfaitement historique.

II

Qu'était le siècle d'Auguste? Le siècle païen le plus éclairé et le plus corrompu; le siècle de la civilisation matérielle la plus avancée; le siècle des orateurs, des poëtes, des philosophes, des guerriers, des hommes si grands dans tous les genres, qu'une admiration fanatique continue de les donner à la jeunesse, pour maîtres et pour modèles; mais aussi des hommes dont les débauches paraissent aujourd'hui fabuleuses, et que l'idée seule de devoir ou de contrainte, suffisait pour mettre en fureur.

III

Pratiquer le vol, l'usure, les concussions, le vice infâme sous toutes les formes et avec des raffinements inouïs, était leur étude, leur vie, leur triomphe. Faire dévorer par des armées de tigres, de lions et de panthères, des milliers d'hommes, ou les faire égorger entre eux, était leur plaisir.

Ce plaisir était tellement habituel, que le soleil ne se levait pas une fois, sans l'éclairer sur quelque point du globe ; tellement enivrant, qu'on y sacrifiait des montagnes d'or, et qu'on était sûr, en le promettant au peuple, de parvenir, fût-on le dernier des misérables, aux premières dignités de l'empire.

IV

Changer des lions en agneaux, ou des morceaux de granit en enfants d'Abraham, n'est pas plus difficile, chacun en conviendra, que de faire accepter à de pareils hommes, dans un tel siècle, le dogme et la morale du Christianisme.

CHAPITRE IX.

SIXIÈME DIFFICULTÉ.

Les calomniateurs.

I

A peine le Christianisme eut paru, que des milliers de voix calomniatrices s'élevèrent contre lui, le suivirent, l'accompagnèrent, le précédèrent dans toutes ses démarches, ruinant ses premières conquêtes et rendant impossibles celles qu'il méditait. Divisés sur tout le reste, les Juifs et les Païens s'étaient réunis pour former ce concert formidable, qui retentissait à tous les échos de l'Orient et de l'Occident.

II

Hommes de néant, renégats, blasphémateurs, séditieux, destructeurs de la vraie religion, ennemis du peuple de Dieu, perturbateurs du repos public, profanateurs de l'Écriture; fanatiques qui portaient leur sacrilége audace jusqu'à substituer au Dieu d'Abraham, d'Isaac et de Jacob, un insigne malfaiteur, juridiquement condamné et mis à mort pour ses crimes par la main du bourreau : telle était, avec beaucoup d'autres injures, la définition que les Juifs donnaient des Chrétiens.

III

Les Chrétiens, disaient à leur tour les Païens, sont des athées dont l'impiété provoque la colère des dieux immortels; des magiciens ténébreux qui, pour mieux réussir dans leurs criminels desseins, ne veulent parmi eux n savants, ni hommes vertueux, ni nobles, ni riches; mais seulement des sots, des dupes, des pauvres, des enfants, des femmelettes, des esclaves, des scélérats, comme ceux qui ont inventé cette abominable superstition, et dont le chef, livré à Pilate par sa propre nation, a justement subi le supplice infâme de la croix ; des monstres à face humaine, qui dans leurs festins nocturnes égorgent un enfant dont ils boivent le sang, et mangent avec délices la chair palpitante, après quoi ils se plongent dans les plus infâmes débauches.

IV

Ces calomnies et mille autres avaient tellement prévalu, que le nom de Chrétien était devenu celui de tous les crimes, en sorte qu'il suffisait de le porter pour être, sans aucun examen, jugé digne de tous les supplices et de la haine du genre humain. Accusés de ce crime, qui les renfermait tous, Néron en fit brûler vifs une énorme multitude, *multitudo ingens*. Quand on les conduisait à la mort, un héraut les précédait criant : C'est un Chrétien, un ennemi des empereurs et des dieux, *Christianus, inimicus Deorum et Imperatorum.* Et cela suffisait pour éteindre tout sentiment de pitié à leur égard.

CHAPITRE X.

SEPTIÈME DIFFICULTÉ

Les hérétiques.

I

Poursuivi par la haine universelle, le Christianisme n'avait de ressource que dans l'étroite union de ses membres. Tout à coup un obstacle, le plus fâcheux peut-être, se forme au sein même de la nouvelle religion.

II

La division se met parmi les chrétiens : les hérétiques paraissent. A quelques pas du cénacle, d'où le Christianisme venait de sortir, ils élèvent autel contre autel. Du vivant même des apôtres, ils altèrent la doctrine du

Maître, dont ils vont jusqu'à nier la divinité. Par leur révolte, ils affaiblissent l'autorité des pasteurs dans l'esprit des néophytes. Par leurs histoires pleines de faussetés, ils ébranlent l'authenticité des Évangiles. Par leurs mœurs, plus encore que par leurs discours, ils prêchent des erreurs monstrueuses, qui donnent naissance à des sectes abominables.

III

Ces sectes pullulent comme l'ivraie. En moins d'un siècle, il en surgit plus de quatre-vingts. En Asie, en Europe, en Afrique, on les rencontre partout. La nouvelle religion ne peut faire un pas, sans qu'elles se mettent à sa suite pour la décréditer. Les savants, les hommes du peuple, les femmes surtout et même des diacres et des prêtres, en sont les auteurs, ou en deviennent les plus ardents propagateurs.

Profitant de cette division, les Juifs et les Païens répètent, de concert, que les Chrétiens ne méritent aucune confiance, puisqu'ils s'accordent si mal entre eux.

De fait, quel moyen de s'en rapporter à des prédicateurs dont les uns disaient *oui* et les autres *non*? L'indifférence et le mépris étaient tout ce qu'on pouvait leur accorder.

CHAPITRE XI.

HUITIÈME DIFFICULTÉ

Les philosophes.

I

A la suite des hérétiques viennent les philosophes, juifs et païens. Jamais ils ne furent si nombreux ni si hostiles à la vérité. Prêtant une oreille attentive, ils recueillent tous les bruits qui courent sur le compte des Chrétiens. Ils s'informent curieusement de ce qui se passe dans la nouvelle religion ; et, confondant à dessein les vrais fidèles avec les hérétiques, ils imputent au Christianisme des erreurs qu'il condamne et des abominations qu'il réprouve. Les Écritures même et les apologies n'échappent point à leurs recherches.

II

Armés de toutes pièces, ils se mettent en devoir de prouver, dans des écrits publics, que tous les bruits sont fondés; que les Chrétiens sont réellement des athées, également ennemis des dieux et des empereurs, en un mot, des scélérats tels que la renommée les présente; que leurs doctrines sont un fatras de rêveries, de contradictions et d'impiétés. Citations, sarcasmes, raisonnements, érudition, éloquence, génie même, rien ne manque à leurs ouvrages.

III

Aucune objection n'est oubliée, si bien qu'à partir du quatrième siècle, les plus habiles ennemis de la religion n'ont pu en trouver une nouvelle. La cause est jugée. Le peuple, toujours habitué à croire sur la parole des sages, s'affermit inébranlablement dans son opinion à l'égard des Chrétiens. Cette opinion, il la résume par le mot sanguinaire, qui retentit pendant plusieurs siècles aux quatre coins du monde : Les Chrétiens au lion, *Christianos ad leonem*.

CHAPITRE XII.

NEUVIÈME DIFFICULTÉ

Les moqueurs

I

Tandis que les calomniateurs vouent Christianisme à l'exécration universelle, que les hérétiques lui déchirent le sein, et que les philosophes le ruinent dans l'esprit des lettrés, les moqueurs s'en emparent et le livrent à la dérision du peuple.

II

Si on veut se faire une idée, au moins imparfaite, de l'effet que durent produire sur les classes populaires de Rome ou d'Athènes, les comédies bouffonnes, les ignobles caricatures, les plaisanteries plus ou moins grossières, par lesquelles le Christianisme travesti était jeté en pâture à des foules ignorantes et dépravées, il suffit de se rappeler ce que nous avons vu, ce que nous voyons encore.

III

Quand on a voulu populariser la haine et le mépris du Saint-Père, du doux et auguste Pie IX, on l'a joué sur le théâtre. Pendant *cent six* représentations consécutives, une comédie trop fameuse l'a représenté comme un tyran qui, foulant aux pieds les droits sacrés de l'autorité paternelle, mérite le blâme des uns, la haine des autres, le mépris de tous. Cent fois les spectateurs trompés ont fait éclater leurs dispositions hostiles, par d'énergiques réprobations et par des larmes de compassion sur les prétendues victimes du despotisme pontifical.

IV

De même, pour étouffer dans les masses la crainte salutaire des châtiments éternels, on n'a rien trouvé de mieux que de les profaner et de les ridiculiser dans la comédie, si longtemps courue : *La Beauté du Diable.*

V

Inutile d'ajouter qu'aux comédies se joignent les pamphlets et les caricatures. Tel est, aux yeux des ennemis de la religion, l'effet immanquable de pareilles armes, qu'ils s'ingénient à en inventer chaque jour de nouvelles, certains de provoquer, sinon toujours la haine, du moins l'éloignement, le mépris et l'incrédulité.

VI

Aucune de ces attaques ne manque au Christianisme naissant. Des libelles, écrits dans l'esprit de Voltaire, caricaturent la nouvelle religion. La plaisanterie court de bouche en bouche et n'épargne ni les hommes ni les choses, ni les vertus du Christianisme. Quelques-uns de ces libelles deviennent obligatoires pour les écoles, et les générations naissantes sont élevées dans le mépris le plus profond des Chrétiens. Les arts se mettent de la partie. Les disciples du Crucifié sont représentés, jusque sur les murs du palais impérial, à genoux devant un homme à tête d'âne, cloué sur une croix.

VII

Pour achever de ridiculiser la nouvelle religion, les comédiens la donnent en spectacle et la traduisent en scènes plus burlesques les unes que les autres. Ses cérémonies les plus augustes, ses mystères les plus sacrés, ses lois les plus respectables, joués par des histrions, en présence même des empereurs, demeurent frappés d'un ridicule qui en éloigne plus que le fer des bourreaux. Le moyen, je le demande, d'adorer le lendemain ce qu'on avait accueilli la veille, par des risées et des mépris ?

CHAPITRE XIII

DIXIÈME DIFFICULTÉ

Les progrès du Christianisme

I

Il n'est pas jusqu'aux progrès du Christianisme qui ne deviennent des obstacles à sa propagation et une menace perpétuelle à son existence. Parmi ceux qui écoutent les Galiléens, les uns, dociles à la grâce, embrassent la vérité ; les autres s'obstinent dans l'erreur.

II

Les enfants deviennent chrétiens, les parents demeurent païens. Les esclaves baptisés refusent de servir de jouet aux abominables caprices de leurs maîtres ; les acheteurs d'idoles, de victimes et de parfums ne paraissent plus chez les marchands dont ils faisaient la fortune.

III

Les familles se divisent ; les liens du sang sont méconnus. Le frère dénonce son frère ; le père, son fils ; l'époux, son épouse ; le maître, son esclave ; l'ami, son ami. Les relations sociales sont altérées ou rompues. Peu à peu les villes et les bourgades forment deux camps armés l'un contre l'autre. Ces dissensions intestines retentissent au dehors. Portées devant les tribunaux, elles passionnent le public en sens contraires et provoquent des explosions de haine et des malédictions contre les nouveaux prédicateurs et contre leurs doctrines.

———

CHAPITRE XIV.

ONZIÈME DIFFICULTÉ

Les persécutions.

I

Comme les flots de la mer dans un jour de tempête, s'élèvent jusqu'au sommet des rochers qui bordent le rivage; ainsi cette masse de calomnies, d'accusations, de querelles et de divisions particulières monte jusqu'au trône impérial, sur lequel sont assis les Néron, les Domitien, les Dèce, les Dioclétien.

II

Pour eux, c'est désormais un fait acquis. Le Christianisme est un élément de discorde, une secte malfaisante; les Chrétiens des perturbateurs qui compromettent la tranquillité publique et la prospérité de l'empire; des impies qui provoquent la colère des dieux, dont le culte est la garantie de la domination éternelle de Rome. Si les barbares menacent les frontières, si les légions impériales essuient un échec, si le Tibre déborde, si le ciel refuse ses pluies, si la terre tremble, si la disette se fait sentir, si la peste vient : les Chrétiens en sont responsables.

III

Alors sont ordonnées ces persécutions fameuses, ces massacres en masse que tout le monde connaît et qui devaient, mille fois pour une, étouffer la nouvelle religion dans le sang de ses disciples. Dans un temps où l'on se faisait un jeu de la vie des hommes, où les tourments les plus atroces étaient les plus recherchés par les spectateurs, ni le rang, ni l'âge, ni le sexe ne sont épargnés. Les supplices ordinaires paraissent trop doux pour ceux que l'on regarde comme les ennemis des dieux et de l'état. On invente, ou l'on renouvelle des tortures qui font frémir.

IV

Les Chrétiens sont battus de verges, appliqués aux tortures, écorchés avec des ongles d'airain. On les déchire par le fer, on les consume par le feu ; on les cloue sur des croix. On se fait un jeu barbare de les voir mettre en pièces par des chiens, dévorer par des lions. Ils sont couverts de lames embrasées, assis sur des chaises ardentes, plongés dans l'huile bouillante, brûlés à petit feu. On les brise sous des meules, on les coupe par morceaux. On les enterre tout vivants. Dans leurs corps couverts de blessures, on ne déchire plus que des plaies. On ménage avec cruauté les moments qui leur restent à vivre. On choisit parmi les supplices ceux qui les font mourir plus lentement. On les guérit par des soins barbares, pour les mettre en état de souffrir de nouveau.

V

La pitié est éteinte pour eux dans le cœur des hommes. On applaudit à leurs supplices par des cris d'allégresse. La mort même ne les met point à l'abri de leurs persécuteurs. On s'acharne sur les tristes restes de leurs corps. On les réduit en cendres, on les précipite dan les fleuves, on les jette au vent pour les anéantir, s'il était possible. Rome s'enivre de leur sang, elle en fait couler des fleuves, et la haine qu'on leur porte n'est point satisfaite.

VI

Comme un vaste incendie, la persécution une fois allumée dans la capitale se communique de proche en proche. Elle s'étend, jusqu'aux extrémités de l'empire, alors presque aussi étendu que le monde. Ce n'est pas une persécution de quelques jours, c'est par siècles qu'il faut compter le temps des souffrances de la religion nouvelle. On ne peut la suivre, pendant trois cents ans, qu'à la trace du sang qu'elle répand et à la lueur des bûchers qu'on allume contre elle.

VII

A la persécution du sang on joint celle des caresses, on s'efforce de séduire ceux qu'on n'a pu vaincre. Richesses, honneurs, dignités, plaisirs, faveurs du prince, on promet tout pour gagner des hommes sourds à la douleur, contre qui les tourments s'émoussent et pour qui la mort n'a point d'aiguillon. C'est ainsi que tout est mis en œuvre pour anéantir le nom chrétien (1).

VIII

Remettez-vous devant les yeux les dif-

(1) Bullet, *Discours sur l'établissement du Christ.*

ficultés que nous venons d'indiquer; puis, donnant un libre essor à votre imagination, dites si vous connaissez une tentative plus gigantesque, une entreprise plus impossible que l'établissement du Christianisme ?

CHAPITRE XV

FAIBLESSE DES MOYENS.

I

La révolution qu'il s'agit d'opérer est, sans contredit, la plus difficile qu'on puisse concevoir. Toutefois, les moyens peuvent être si puissants, les mesures si bien proportionnées à l'effet, qu'insensiblement on vient à bout des entreprises en apparence les plus impossibles. On s'attend donc, et le bon sens l'exige, à voir paraître des êtres aussi extrordinaires que la mission qui leur est confiée.

II

Comme l'humanité n'en offre point qui soient à un pareil niveau, ce sera sans doute la nature angélique qui fournira les héros de cette étonnante conquête?

Non.

Qui donc?

L'humanité.

Du moins on choisira dans l'humanité tout ce qu'elle possède de plus distingué par la supériorité du talent, par la noblesse de l'origine, par l'éclat des dignités, par la grandeur de la fortune, par l'étendue de la puissance, les Césars, maîtres du monde?

Non.

Au moins des Grecs fameux par leur sagesse et par leur éloquence; des Romains dont le nom seul fait trembler les rois sur leurs trônes?

Non.

Qui donc?

Des Barbares.

Mais au moins d'illustres Barbares: des Égyptiens, pères des sciences; des Gaulois ou des Parthes, redoutables à Rome elle-même?

Non, quelque chose de moins.

III

Qui donc?

Des Juifs, peuple méprisé de tous les peuples.

Mais du moins les chefs de la nation, les grands prêtres, les riches, les savants?

Non.

Qui donc?

Des hommes du plus bas peuple, des pêcheurs de profession.

IV

Mais sous une grossière écorce, ils cachent sans doute les plus beaux dons du génie, ils sont très-éloquents?

Ils ne savent pas même leur langue.

Très-savants?

Ils ne connaissent que leur obscur métier.

Très-riches?

Ils possèdent pour toute fortune leurs barques et leurs filets.

Très-vertueux ?

L'un est coupable de parjure, les autres de jalousie et d'ambition. Tous passent pour des hommes infâmes et de mauvaise vie (1).

Ils sont donc des héros par le courage ?

Le plus brave tremble comme la feuille à la voix d'une servante.

Du moins le nombre peut suppléer au courage, ils seront des milliers !

Ils sont douze, ni plus ni moins.

V

Oui, douze pêcheurs, douze Juifs, c'est-à-dire littéralement les derniers hommes de la dernière des nations ; ou, suivant la juste expression de l'un d'eux, la *balayure du monde* : tels sont, au témoignage unanime des Juifs, des Païens,

(1) Jesum ascitis decem aut undecim hominibus famosis, publicanis nautisque nequissimis, huc illuc cum illis fugitasse turpiter et ægre cibos colligentem. Cels. *apud Orig.*, lib. I, n. 42.

des croyants et des incroyants, les héros de la plus colossale entreprise qui fut jamais.

VI

Voilà ceux qui doivent se présenter dans les cours les plus polies, parler devant les académies les plus illustres, être les docteurs des rois et des peuples, convaincre les sages de folie, les philosophes d'ignorance, le monde entier de crime et d'erreur.

En y appliquant tout ce que vous avez de génie, essayez de trouver une entreprise qui présente autant de disproportion entre les moyens et le but qu'on veut atteindre.

Une troupe de douze bateliers pour convertir l'univers !

Quelle dérision !

CHAPITRE XVI

GRANDEUR DU SUCCÈS

I

Quelle sera l'issue de l'entreprise? Une pareille question est résolue d'avance. Quel succès, je le demande, peut-on se promettre pour des hommes qui, ayant toutes les oppositions à vaincre, n'emploient comme moyens que des obstacles ?

II

On voit, d'une part, deux religions, maîtresses du monde, le Judaïsme et le Paganisme. L'une vraie, mais transitoire, est en possession de l'énergique attachement de ses sectateurs, répandus dans toutes les contrées de la terre.

L'autre est fausse ; mais c'est une religion agréable et pompeuse qu'on croit établie par les dieux ; qu'on estime aussi ancienne que le monde; qu'on regarde comme la base de la prospérité publique.

D'autre part, est une religion sévère, simple, nouvelle, ennemie des usages nationaux et de l'ordre établi.

D'une part, les sages, les philosophes, les hommes de génie, les magistrats, les empereurs, les armées, l'univers entier; de l'autre, quelques ignorants, sans défense, sans appui, sans secours. D'une part, l'autorité, la cruauté, la fureur; de l'autre, la faiblesse, la patience, la mort. D'une part, les bourreaux; de l'autre, les victimes (1).

III

A qui est restée la victoire?

A l'univers, dit la raison.

Aux douze pêcheurs, répond l'histoire.

Oui; et l'histoire profane, écrite par

(1) Bullet, *Disc. sur l'établiss. du Christ.*

les Juifs et par les Païens eux-mêmes, témoins oculaires de l'événement, et mortels ennemis des Chrétiens. Cette histoire apprend que le succès des pêcheurs galiléens fut rapide, sérieux, réel, durable.

CHAPITRE XVII

SUCCÈS RAPIDE

I

Le jour même où les étranges prédicateurs paraissent en public, trois mille Juifs tombent à leurs pieds et embrassent leur doctrine. Le lendemain, cinq mille autres les imitent. Avec la rapidité de l'éclair qui sillonne la nue, avec l'activité du feu qui consume un champ de roseaux desséchés, le Christianisme gagne la Samarie, la Syrie, l'Asie Mineure. Smyrne, Ephèse, Corinthe, Athènes lui ouvrent leurs portes. L'Arabie, les Grandes Indes, la Perse, l'Arménie, l'Ethiopie, la Libye, l'Égypte lui fournissent d'innombrables disciples.

II

De l'Orient il passe à l'Occident, et en quelques années, Rome, la demeure de

Néron, la citadelle de l'idolâtrie, se trouve peuplée d'une multitude immense de chrétiens, *multitudo ingens*. Les Gaules, les Espagnes, la Grande-Bretagne, la Germanie les comptent par milliers.

III

Ainsi l'avait annoncé Jésus de Nazareth. Ma doctrine, disait-il un jour à ses disciples, fera le tour du monde avant la ruine de Jérusalem, c'est-à-dire en moins de trente ans (1).

Les événements devancent le terme de la prophétie. En dix ans, le Crucifié a des adorateurs dans toutes les parties de l'univers (2). Quarante ans plus tard, au témoignage des persécuteurs eux-mêmes, la secte chrétienne a pullulé dans toutes les provinces de l'empire (3).

(1) S. Matth., XXIV, 4.

(2) Voir la date de l'Épître aux Romains.

(3) Voir les édits de persécution et la lettre de Pline à Trajan.

IV

Bientôt un avocat du Christianisme, Tertullien, dira, sans crainte d'être démenti, devant les magistrats romains : « Nous ne sommes que d'hier, et déjà nous remplissons tout, vos cités, vos îles, vos forteresses, vos colonies, vos bourgades, vos assemblées, vos camps, vos tribus, vos décuries, le palais de l'empereur, le sénat, le forum : nous ne vous laissons que vos temples.....

« Nous pourrions même, sans nous révolter ouvertement, vous faire éprouver une ignominieuse défaite : il suffirait de nous séparer de vous. Que cette immense multitude vînt seulement à vous quitter, pour se retirer dans quelque contrée lointaine, la perte de tant de citoyens de toute condition décrierait votre gouvernement et vous aurait assez punis. Épouvantés de votre solitude, du silence des affaires et de la stupeur du monde entier, comme frappé de mort, vous auriez beau chercher à qui commander : il vous serait resté plus d'ennemis que de citoyens (1). »

V

Ainsi, tandis que Rome, toujours en armes, eut besoin de sept cents ans de victoires pour former son empire, le Christianisme désarmé règne, dès son origine, sur toutes les nations, et la croix de Jésus-Christ est arborée sur des rivages, où ne parut jamais l'aigle des Césars. Moins de trois siècles après sa sortie du cénacle, la religion nouvelle a subjugué Rome elle-même ; et tranquillement assise sur le trône impérial, elle tient le sceptre du monde.

(1) *Apol.*, c. XL.

CHAPITRE XVIII

SUCCÈS SÉRIEUX.

I

Cet empressement pour le Christianisme n'est point une spéculation capable d'enrichir, ni une affaire de mode qui flatte la vanité, in un enthousiasme momentané qui trahit plus de légèreté que de réflexion, ni une détermination indifférente qui n'engage à rien.

II

Se faire chrétien, c'est se vouer à la spoliation de ses biens et à la pauvreté ; c'est se condamner aux insultes, aux mépris, à la haine de ses proches, à la fureur du peuple, à la colère des empereurs, à l'exil, à la persécution ; en un mot, c'est signer son arrêt de mort. Et quelle mort, grand Dieu ! La mort au milieu des plus affreuses tortures, la mort au milieu des battements de mains de tous les spectateurs.

III

Eh bien ! cet arrêt de mort est signé, non par quelques fanatiques, mourant pour soutenir une opinion ; mais par des témoins qui affirment des faits sensibles, vus de leurs yeux et touchés de leurs mains. Il est signé, non dans un coin du monde ; non dans l'espace de quelques mois ou de quelques années. Il est signé, sollicité même avec ardeur, accepté du moins avec actions de grâces, par des multitudes innombrables d'hommes, de femmes, d'enfants, de jeunes vierges, de vieillards, de sénateurs, de consuls, de généraux d'armée, de savants, de philosophes, de riches et de pauvres, dans toutes les contrées qu'éclaire le soleil : et cela pendant trois siècles !

IV

En vain les édits de proscription se multiplient et tombent sur les Chrétiens, comme la grêle dans un jour d'orage ; en vain des légions de proconsuls, traînant après eux des armées de bourreaux et le formidable appareil de tous les genres de supplices, parcourent les provinces pour jeter l'épouvante ; en vain, les échafauds se dressent de toutes parts ; en vain les bûchers s'allument sur tous les points de l'empire ; en vain les bêtes féroces que nourrissent les forêts de la Germanie, ou que recèlent les déserts de l'Afrique, sont amenées par milliers dans les amphithéâtres et dans les cirques, pour dévorer les chrétiens : le feu de la persécution ne fait qu'accroître l'ardeur du martyre.

V

Du haut de leur trône, les maîtres du monde ordonnent d'adorer les dieux, et on les méprise. Du haut de sa croix, Jésus ordonne de venir à lui, et on y court à travers les gibets et les bûchers. L'Olympe tout entier tremble sur ses autels. Les magistrats pâlissent au milieu de leurs faisceaux. Les bourreaux eux-mêmes se lassent ; la hache émoussée leur échappe des mains, et, chrétiens à leur tour, ils mêlent leur sang au sang de leurs victimes.

Si vous lisez les bulletins de ce gigantesque combat, vous trouverez, d'après les calculs les plus consciencieux, onze millions de martyrs, pendant les trois premiers siècles. Sur ce nombre, Rome seule en compte plus de deux millions.

CHAPITRE XIX

SUCCÈS RÉEL

I

Le Christianisme n'agit pas seulement à la surface, il pénètre dans les profondeurs de l'humanité. Sous son action, les cœurs les plus amollis se retrempent ; les vices les plus enracinés font place à des vertus solides. L'humilité détrône l'orgueil ; la douceur et le pardon des injures, la vengeance et la cruauté ; et dans ce monde, où, la veille encore, Auguste n'avait pu trouver sept Vestales, germe un peuple de Vierges.

II

Les idées subissent un changement analogue. Aux erreurs grossières, aux tâtonnements éternels sur Dieu et sur la Providence ; sur l'homme, sa nature et ses destinées ; sur le monde, son origine et le but de son existence, succèdent des connaissances si complètes et si précises, qu'elles font encore aujourd'hui toute la supériorité des nations chrétiennes sur le monde païen. Poussant plus loin son influence salutaire, la Religion nouvelle modifie toutes les lois du genre humain, dans l'ordre religieux, politique, civil et domestique.

III

Dans l'ordre religieux. D'un pôle à l'autre, les innombrables divinités qui buvaient le sang des hommes et qui s'honoraient de leurs crimes, sont renversées de leurs autels. L'unité de Dieu brille sur le monde, comme le soleil levant sur la nature. De sa pure et vive lumière, ce dogme éclaire, embellit, vivifie l'humanité.

IV

Dans l'ordre politique. Grâce à la

doctrine de Jésus de Nazareth, les peuples cessent de voir des ennemis dans les étrangers. La maxime sauvage : malheur aux vaincus, *vae victis*, est effacée des enseignes militaires et oubliée des vainqueurs. A la loi de haine, antique base des sociétés païennes, succède la loi de charité, qui fait de tous les hommes les membres de la même famille.

V

Dans l'ordre civil. Aboli de droit par la promulgation du Christianisme, l'esclavage est aboli de fait, aussitôt que les circonstances le permettent. En attendant, l'esclave n'est plus regardé comme une *chose*, dont il est permis d'user et d'abuser ; comme un être d'une nature inférieure, qu'on outrage sans pitié ; qu'on crucifie pour une caille échappée de sa cage, ou qu'on fait dévorer par les murènes, pour une assiette cassée.

Il n'est pas jusqu'au pauvre, objet de haine et de mépris universel, qui ne devienne un être chéri, un être sacré pour lequel se bâtissent des palais, et à qui le riche donne son or pour le nourrir, ses fils pour le protéger, ses filles pour le soigner, lui-même, enfin, pour le servir.

VI

Dans l'ordre domestique. Rappelé à sa dignité première, que dis-je ? à une dignité plus haute, le mariage est sanctifié dans l'acte même qui le constitue, comme dans tous les devoirs qu'il impose. Les deux chancres des sociétés païennes, la polygamie et le divorce, autorisés par toutes les législations antiques, deviennent un double crime. Reconstruite sur la base de l'unité et de l'indissolubilité, la famille reprend sa vigueur et sa noblesse. Le père cesse d'être un despote, la femme une esclave, l'enfant une victime.

CHAPITRE XX

SUCCÈS DURABLE

I

Quand vous promenez vos regards sur la face du monde, que voyez-vous ? Des ruines et encore des ruines : ruines matérielles et ruines morales. Partout l'homme se trahit dans la fragilité de ses œuvres. Babylone est tombée ; Ninive est tombée ; Memphis est tombée. Carthage, Thèbes, Sparte ne sont plus. D'Athènes, de Corinthe, il ne reste que des débris. Rome elle-même, cette superbe reine des nations, à qui ses dieux avaient promis l'éternité, Rome qui croyait avoir anéanti jusqu'au nom chrétien, dort ensevelie avec ses dieux et ses Césars, sous les ruines mutilées de ses palais et de ses temples.

II

Que sont devenues les institutions des peuples les plus fameux, les systèmes des philosophes les plus renommés, les codes des législateurs les plus sages ? Où sont les intelligences qui s'en nourrissent, les sociétés qui en vivent ? Inconnus du vulgaire, sans autorité, sans application, simple objet de curiosité pour l'érudit, ces chefs-d'œuvre du génie figurent parmi les connaissances humaines, à peu près comme les momies égyptiennes dans unmusée d'antiques.

Tout a changé, tout a disparu, tout est mort. Institutions, systèmes, lois, empires, vingt fois depuis dix-huit siècles, se sont écroulés pour faire place à d'autres institutions, à d'autres systèmes, à d'autres lois, à d'autres empires, qui à leur tour sont effacés par des créations non moins fragiles.

III

En sera-t-il de même de l'édifice élevé par les pêcheurs galiléens? Dix-huit siècles de durée vous répondent : Leur œuvre est exempte de la caducité des choses humaines. La révolution qu'ils opèrent n'est point un changement passager, qu'un siècle a vu s'accomplir et que le siècle suivant voit disparaître. A la différence de tous les autres événements consignés dans l'histoire, le passage du monde au Christianisme est un fait toujours subsistant. En dehors, tout est vicissitude, fragilité, ruine.

IV

Seule immuable, la société fondée par le Juif crucifié n'a perdu ni un seul de ses dogmes, ni une seule de ses lois. Aujourd'hui encore, le monde civilisé vit encore de ses doctrines. Aussi jeune qu'au sortir du berceau, aussi forte qu'aux jours de son adolescence, elle brave également la barbarie des peuples, le despotisme des rois, les orages des passions révoltées, la hache des bourreaux, les sophismes de l'impiété, les scandales de ses propres enfants, et demeure debout parmi les débris épars de toutes les créations humaines.

Connaissez-vous un succès qui puisse moins s'expliquer, par les enseignements de l'histoire ou par les données de la science ?

CHAPITRE XXI

UNE SUPPOSITION

I

Nous venons de lire, dans toute sa simplicité, le fait de l'établissement du Christianisme, raconté d'un commun accord par les Juifs, par les Païens, par les Chrétiens, tous témoins oculaires. Nous ne le jugeons point, nous le constatons. Seulement, afin de montrer ce qu'il a de saisissant, il reste à le résumer dans la supposition suivante.

II

Transportons-nous par la pensée, au moment où le Christianisme parut sur la terre, et supposons avec saint Jean-Chrysostôme, qu'un philosophe païen rencontre le Fils de Marie, commençant à prêcher sa doctrine. Jésus est seul, il marche à pied, un bâton à la main, vêtu comme un ouvrier.

Où allez-vous? lui demande le philosophe.

Je vais prêcher ma doctrine.

Que prétendez-vous en prêchant par les villages de la Judée, ce que vous appelez votre doctrine?

Convertir le monde.

Faire abandonner à l'univers ses dieux, sa religion, ses mœurs, ses coutumes, ses lois, pour lui faire adopter vos maximes : vous êtes donc plus sage que Socrate, plus éloquent que Platon, qui ne put jamais imposer ses lois à une seule bourgade de l'Attique?

Je ne me donne point pour un sage.

III

Qui êtes-vous donc?

On me connait pour le fils d'un pauvre charpentier de Nazareth.

Par quels secrets moyens avez-vous donc

préparé le succès de votre entreprise?

Jusqu'ici j'ai passé ma vie dans la boutique de mon père, travaillant avec lui pour gagner mon pain de chaque jour. Depuis peu, je parcours le pays. Quelques disciples se sont mis à ma suite; c'est à eux que je confierai le soin d'établir ma doctrine parmi les nations.

IV

Vos disciples sont donc des hommes aussi distingués par la noblesse de leur naissance, que par la supériorité de leurs talents ?

Mes disciples sont douze pêcheurs qui ne connaissent que leurs barques et leurs filets, douze Juifs, et vous savez ce que sont les Juifs dans l'estime des autres peuples.

Vous comptez donc sur la protection de quelque puissant monarque ?

Je n'aurai pas de plus mortels ennemis que les rois et les grands du monde :

tous s'armeront pour anéantir ma doctrine.

Vous possédez donc d'immenses richesses, et en faisant briller l'or aux yeux des peuples, il est facile de se créer des adorateurs?

Je n'ai pas de quoi reposer ma tête. Pauvres par leur naissance, mes disciples le seront encore plus par mes ordres. Comme moi, ils vivront d'aumônes et du travail de leurs mains.

V

C'est donc sur votre doctrine ellemême, que vous fondez l'espérance de vos succès?

Ma doctrine repose sur des mystères que lés hommes prendront pour des folies. Je veux, par exemple, que mes disciples annoncent que c'est moi qui ai créé le ciel et la terre, que je suis Dieu et homme tout ensemble ; que je suis mort sur une croix entre deux voleurs, car c'est par ce genre de supplice que je dois terminer ma vie. Ils ajouteront que trois jours après je suis ressuscité et qu'ils m'ont vu monter au ciel.

VI

Si votre doctrine est incroyable, du moins votre morale est bien commode ; sans doute qu'elle flatte toutes les passions?

Ma morale combat toutes les passions, condamne tous les vices, commande toutes les vertus et punit de supplices éternels la pensée même du mal.

Vous promettez donc de magnifiques récompenses à ceux qui voudront l'embrasser?

Sur la terre, je leur promets le mépris, la haine du genre humain, les prisons, les bûchers, la mort sous toutes les formes ; après la vie, je leur fais espérer des récompenses que l'esprit de l'homme ne peut comprendre.

VII

Dans quels lieux et à quels hommes prétendez-vous enseigner une pareille philosophie ? Sans doute dans quelques coins obscurs de votre petit pays, et à quelques ignorants, comme ceux que vous appelez vos disciples ?

Ma doctrine sera prêchée à Jérusalem devant la Synagogue ; à Athènes, devant l'Aréopage ; à Rome, dans le palais des Césars ; partout, devant les rois et les peuples, dans les villes et dans les campagnes, jusqu'aux extrémités du monde.

Et vous vous flattez de réussir !

VIII

Sans doute ; bientôt je serai reconnu partout pour le seul Dieu du ciel et de la terre. Le monde va changer de face ; les idoles vont tomber. De toutes parts, les peuples accourront pour embrasser ma doctrine. Les rois mêmes se prosterneront devant l'instrument de mon supplice, et le placeront sur leur couronne comme son plus bel ornement. J'aurai partout des temples et des autels, des prêtres et des adorateurs. Un jour, peut-être, vous-même répandrez votre sang pour attester la divinité de ma personne et la vérité de ma doctrine.

Pauvre idiot ! votre place n'est pas ici. Elle est dans une maison d'aliénés. Retournez du moins, pour n'en jamais sortir, dans la boutique de votre père. Votre projet est le comble de l'extravagance.

IX

Le philosophe a raison. Aux yeux du sens commun, entreprendre la conversion du monde, avec douze pêcheurs, au siècle d'Auguste, en dépit de toutes les forces humaines, ce projet est le comble de la folie. Cependant l'histoire, l'histoire profane est là pour l'attester : ce projet a été exécuté ; il l'a été de la manière et par les moyens que Jésus avait prédits, il l'a été rapidement.

Sur ce fait toujours subsistant pose le CREDO du Chrétien.

X

Quand Proudhon, Renan, Strauss, Kardec, avec toute la Smala des négateurs, philosophes ou spirites, anciens et modernes, auront anéanti ce fait, ils pourront se flatter d'avoir ébranlé la base de notre foi. Jusque-là, nous nous rirons de leurs attaques de pygmées, et leur renverrons, comme leur appartenant de plein droit, les qualifications d'ignorance, de crédulité et d'imbécillité dont ils nous gratifient.

XI

Si le philosophe même dont nous venons de parler, reparaissait aujourd'hui sur la terre, et qu'il vît, comme nous, la religion de Jésus de Nazareth dominant encore le monde civilisé, douterait-il du miracle de son établissement ? Ne s'écrierait-il pas ravi d'admiration : Tout cela est au-dessus des forces humaines, tout cela est donc l'œuvre de Dieu : *Incredibile, ergo divinum.*

Toutefois, avant d'accepter l'explication du philosophe, voyons s'il n'est pas possible d'en trouver une autre. Afin de nous aider dans ce travail, commençons par résumer les faits qui précèdent.

CHAPITRE XXII

RÉSUMÉ ET DÉVELOPPEMENT

I

Nous venons de raconter le fait de l'établissement du Christianisme, comme nous aurions raconté tout autre fait, sans exprimer aucune opinion sur la cause, humaine ou divine, de cette révolution la plus étonnante qui fut jamais. Soit comme partie intégrante, soit comme conséquences immédiates, cette révolution implique les faits suivants que nul ne peut nier, sans fermer les yeux à la lumière, ou sans ébranler toute certitude historique.

II

Premier fait : Il y a dix-huit cents ans, le monde civilisé était païen.

Deuxième fait : Aujourd'hui le monde civilisé est chrétien.

Troisième fait : Le passage du Paganisme au Christianisme est l'œuvre d'un personnage nommé Jésus de Nazareth, aidé de douze pêcheurs.

Quatrième fait : Jésus de Nazareth est un Juif crucifié.

Cinquième fait : Un Juif et un Juif crucifié est tout ce qu'il y a de plus méprisable sous le ciel.

Sixième fait : Depuis dix-huit cents ans le monde civilisé adore ce Juif crucifié. Il l'a fait et il le fait encore librement, sans y être contraint par la force ni attiré par l'appât du plaisir ou des richesses.

III

Septième fait : Pour avoir le bonheur d'adorer ce Juif crucifié, onze millions de martyrs de toute condition et de tout pays ont, pendant trois cents ans, accepté gaiement la mort au milieu des tourments les plus affreux. Depuis cette époque des milliers d'autres ont suivi leur exemple. Ils le suivent encore aujourd'hui, lorsque l'occasion s'en présente.

Toujours pour avoir le même bonheur, des hommes et des femmes, de tout âge, de toute fortune, de tout pays, en nombre incalculable, combattent sans cesse leurs penchants les plus chers, se livrent à de dures austérités, abandonnent leur famille, donnent leurs biens aux pauvres et consacrent gratuitement leur personne au service des misères les plus dégoûtantes.

IV

Huitième fait : En adorant le Juif crucifié, le monde s'est élevé en lumières, en vertus, en libertés, en civilisation, dans des proportions étonnantes.

Témoin le plus petit enfant chrétien qui en sait plus, sur ce qu'il importe uniquement au genre humain de savoir,

Dieu, la Providence, l'homme, sa nature, ses devoirs, sa fin, que les plus grands philosophes de l'ancien monde : Socrate, Platon, Aristote, Cicéron, Sénèque.

Témoin le plus obscur village chrétien, où se trouvent plus de dignité pour l'homme, plus de liberté pour la femme, plus de sécurité pour l'enfant, qu'on n'en connaissait dans tout le monde païen.

Témoin tous les peuples de l'Europe et de l'Amérique, qui, autrefois barbares ou sauvages, sont devenus, en adorant le Juif crucifié, les princes de la civilisation.

Témoin, en un mot, la mappemonde, qui vous montre la lumière, la civilisation, la liberté dans tous les pays qui adorent le Juif crucifié.

V

Neuvième fait : Toutes les nations qui n'adorent pas le Juif crucifié demeurent ensevelies dans les ténèbres de la barbarie, enchaînées dans les liens de l'esclavage, stationnaires dans les voies de la civilisation. Témoin les Chinois, les Indiens, les Turcs, les Arabes, les Nègres, les Océaniens ; en un mot, témoin la mappemonde.

VI

Dixième fait : Aucune nation n'est sortie et ne sort de la barbarie ignorante ou lettrée, ne brise les chaînes de l'esclavage, ne marche dans la voie du progrès, qu'en adorant le Juif crucifié, et dans la proportion de la ferveur avec laquelle elle l'adore. Témoin toutes les nations anciennes et modernes, témoin l'histoire universelle.

VII

Onzième fait : Toute nation qui cesse d'adorer le Juif crucifié, commence par perdre ses mœurs, sa paix, sa prospérité, et finit par disparaître ou par retomber dans les ténèbres de la barbarie savante ou lettrée, dans les chaînes de l'esclavage et par rétrograder dans les voies de la civilisation ; et cela en raison directe de son abandon du Juif crucifié.

Témoin toutes les nations de l'Asie et de l'Afrique, où l'ignorance le dispute à la dégradation.

Témoin les nations de l'Europe moderne, où tout devient trouble, malaise, haine, confusion de systèmes et d'idées, révolutions et bouleversements.

VIII

Douzième fait : Le Juif crucifié se maintient, depuis dix-huit siècles, sur les autels du monde civilisé, malgré les attaques formidables et sans cesse renouvelées des tyrans armés de la hache, des impies armés du sophisme, des moqueurs armés du sarcasme, des homme pervers armés de tous les instincts brutaux de la nature corrompue.

Par une exception unique dans les annales du monde, il s'y maintient au milieu des agitations continuelles et des bouleversements qui vingt fois ont changé la face du monde, emporté les empires, les républiques, les plus beaux systèmes, les institutions les plus fermes : en un mot, il s'y maintient aimé et adoré, malgré l'inflexible loi de mort qui pèse sur toutes les œuvres humaines et ne leur laisse qu'une existence passagère.

Tels sont les faits visibles, palpables, permanents, qui résultent de cet autre fait :

LE MONDE ADORE UN JUIF CRUCIFIÉ,

CHAPITRE XXIII

DOUBLE EXPLICATION

I

Comment expliquer ces faits incroyables?

La chose est aisée, répond le Chrétien.

L'adoration dix-huit fois séculaire d'un Juif, et d'un Juif crucifié, par toutes les nations civilisées du globe, est un mystère dont la profondeur fait tourner la tête à qui veut la mesurer : cela est vrai.

Les autres mystères du Christianisme ne sont pas moins impénétrables à la raison : cela est encore vrai.

Les lois de la morale chrétienne surpassent évidemment les forces naturelles de l'homme : cela est toujours vrai, paraitement vrai.

II

Toutefois je comprends très-bien et l'adoration d'un Juif crucifié, et la croyance des impénétrables mystères du Christianisme, et la pratique de son impraticable morale, par les plus grands génies et par les plus grands peuples du monde.

Jésus de Nazareth est le Fils de Dieu, Dieu lui-même : voilà le secret.

III

Tout-puissant, il a triomphé avec les plus faibles moyens des plus grands obstacles. Source de lumières et de vertus, il a répandu sur le monde une partie de ces dons divins, et le monde a cru et pratiqué. En croyant et en pratiquant, il s'est élevé à une haute perfection, religieuse, politique et sociale.

IV

Tant qu'il ne s'approche pas de ce Dieu.

foyer de toute lumière, principe de toute perfection, il reste dans la dégradation et dans les ténèbres. Quand il s'en éloigne, il retombe dans son premier état d'abjection et de misère : aussi infailliblement que la terre dans les ombres de la nuit, lorsque le soleil quitte l'horizon.

En un mot : Dieu s'en est mêlé. Il y a eu miracle : tout s'explique.

V

Les miracles sont des contes de bonne femme, répondent les incrédules. Ils n'ont jamais existé que dans l'imagination des fourbes et dans la croyance des sots.

Voilà qui est entendu : le monde s'est converti sans miracles. Par conséquent, Jésus de Nazareth n'est pas Dieu et le Fils de Dieu. Il est simplement un Juif comme un autre Juif, un homme comme un autre homme, un philosophe comme un autre philosophe, avec quelque talent ou quelque habileté de plus. Les douze apôtres étaient douze pêcheurs, comme les autres pêcheurs. Dieu n'était ni avec lui, ni avec eux.

VI

Telle est donc la manière dont vous résolvez le problème : « Etant donné un Juif crucifié, avec douze pêcheurs envoyés par lui pour prêcher sa doctrine, évidemment le monde a dû se convertir et adorer, comme l'unique Dieu du ciel et de la terre, ce Juif crucifié. Il y a une proportion évidente entre l'effet et la cause, entre les moyens et la fin. Rien là de surnaturel ni de divin. Tout est très-simple, très-naturel, très-conforme aux lois de la logique. »

Nous acceptons la solution, dont les conséquences vont mettre en lumière l'admirable justesse.

CHAPITRE XXIV

LES CONSÉQUENCES

I

Première conséquence. — Il est très-simple, très-naturel, très-logique, qu'un Juif crucifié, secondé par douze pêcheurs, sans lettres, sans argent, sans protection, sans crédit, ait, en plein siècle d'Auguste, persuadé au monde entier de briser ses idoles, de brûler ses temples, de changer ses lois, de purifier ses mœurs, et se soit fait adorer comme le Créateur du monde et l'unique Dieu du ciel et de la terre, lui Juif crucifié entre deux scélérats, comme le plus scélérat des trois.

Tout cela est très-naturel, très-logique, très-facile à comprendre.

II

Seconde conséquence. — Il est très-simple, très-naturel, très-logique, que, pendant trois cents ans, des millions d'hommes, de femmes, de riches, de pauvres, de sénateurs, de princes, de généraux d'armées, de consuls, en Asie, en Afrique, en Grèce, à Rome, dans les Gaules, dans les Espagnes, dans la Germanie, sur toute la face du globe, se soient laissé déchirer, broyer, brûler, noyer, hacher en morceaux, pour avoir le plaisir et l'honneur d'adorer, comme l'unique Dieu du ciel et de la terre, un Juif crucifié, qui n'est qu'un Juif.

Tout cela est très-naturel, très-logique, très-facile à comprendre.

III

Troisième conséquence. — Il est très-simple, très-naturel, très-logique, que, depuis dix-huit cents ans, malgré le progrès de l'âge et le développement des lumières, le monde ne sorte point de sa honteuse idolâtrie ; qu'au contraire, des centaines de millions d'hommes et de femmes de tous les pays aiment et adorent le Juif crucifié, qui n'est qu'un Juif, jusqu'à se laisser égorger pour lui, ou à lui sacrifier par un dévouement volontaire leur fortune, leur liberté, leurs familles, leurs espérances, leurs affections les plus chères.

Tout cela est très-naturel, très-logique, très-facile à comprendre.

IV

Quatrième conséquence. — Il est très-simple, très-naturel, très-logique, que le monde soit devenu beaucoup plus éclairé, beaucoup plus vertueux, beaucoup plus libre, beaucoup plus civilisé. beaucoup plus heureux sous tous les rapports, en professant l'absurdité élevée à sa plus haute puissance, c'est-à-dire en adorant comme le Créateur et le Dieu du ciel et de la terre, un Juif crucifié, qui n'est qu'un Juif.

Tout cela est très-naturel, très-logique, très-facile à comprendre.

V

CINQUIÈME CONSÉQUENCE. — Il est très-simple, très-naturel, très-logique, que toute la portion du genre humain qui refuse d'adorer, comme l'unique Dieu du ciel et de la terre, un Juif crucifié, qui n'est qu'un Juif, demeure plongée dans la barbarie, dans l'esclavage, dans la corruption, dans un affreux abîme de misères.

Tout cela est très-naturel, très-logique, très-facile à comprendre.

VI

SIXIÈME CONSÉQUENCE. — Il est très-simple, très-naturel, très-logique, que cette portion dégradée du genre humain sorte de la barbarie, de l'esclavage, de la corruption, et marche dans les voies de la liberté, de la civilisation et du bonheur, aussitôt qu'elle adore, comme l'unique Dieu du ciel et de la terre, un Juif crucifié, qui n'est qu'un Juif.

Tout cela est très-naturel, très-logique, très-facile à comprendre.

VII

Septième conséquence. — Il est très-simple, très-naturel, très-logique, que toutes les nations qui cessent d'adorer avec foi et ferveur, comme l'unique Dieu du ciel et de la terre, un Juif crucifié, qui n'est qu'un Juif, commencent par perdre leurs lumières, leur moralité, leur paix, pour finir par retomber, de révolutions en révolutions, dans les angoisses du doute païen, dans les hontes du matérialisme païen, dans les serres du despotisme païen, d'où les avait tirées l'adoration du Juif crucifié.

Tout cela est très-naturel, très-logique, très-facile à comprendre.

VIII

Huitième conséquence. — Il est très-simple, très-naturel, très-logique, qu'un Juif crucifié, qui n'est qu'un Juif, s'étant élancé d'un seul bond, du gibet où il venait d'expirer, sur les autels du monde entier, s'y maintienne immobile, depuis dix-huit cents ans, malgré tous les efforts de la ruse, les violences de la force, le déchaînement des passions, unies pour le renverser : et cela au milieu des ruines vingt fois accumulées de tout le reste, empires, monarchies, républiques, systèmes, institutions.

Tout cela est très-naturel, très-logique, très-facile à comprendre.

IX

Neuvième conséquence. — Il est très-simple, très-naturel, très-logique, que tous les peuples du monde, qui, pendant quatre mille ans, attendirent du ciel un Libérateur, chargé de rétablir sur la terre le règne de la vérité, de la justice et de la vertu, aient reconnu pour l'objet de leurs espérances un Juif crucifié, qui n'est qu'un Juif ;

Que, à partir de ce moment, ils aient cessé d'attendre un autre libérateur ;

Que Dieu, qui n'est rien s'il n'est la bonté, la vérité, la puissance infinie, ait permis, sans réclamation, sans opposition, que ce Juif crucifié se soit emparé à son profit de la foi et de l'adoration du genre humain ;

Que ce Juif, qui n'est qu'un Juif, ait fait toutes les œuvres de Dieu, éclairé, consolé, affranchi, rendu les hommes meilleurs et plus heureux : et tout cela bien qu'il ne fût pas Dieu, ni l'envoyé de Dieu ; mais un faussaire insigne, un scélérat mille fois digne de la potence à laquelle il fut pendu.

Tout cela, dites-vous, est très-naturel, très-logique, très-facile à comprendre. En tout cela il n'y a rien de surnaturel, rien de divin et pas ombre de miracle.

Pour partager votre avis, le chrétien n'a qu'une chose à vous demander.

CHAPITRE XXV

UNE EXPÉRIENCE

I

Afin de nous prouver, clair comme deux et deux font quatre, que la conversion du monde, avec toutes ses conséquences, par un Juif crucifié, qui n'est qu'un Juif, aidé de douze pêcheurs, comme tous les autres pêcheurs, est une chose très-facile, très-logique, qui ne surpasse nullement les forces humaines et qui n'exige aucun miracle, nous allons prier quelque incrédule en renom, M. Renan, par exemple, de nous en donner une répétition.

Jamais entreprise ne fut plus digne de son grand cœur. Sa profonde compassion pour le genre humain, sottement courbé, depuis tant de siècles, sous le joug dégradant de l'idolâtrie chrétienne, ne permet pas de douter qu'il ne se prête avec bonheur à l'expérience proposée.

II

Donc, un matin, le fier négateur de la divinité du Christianisme, descend dans la rue, ses deux fameux volumes sous le bras, et se dirige vers le faubourg Saint-Antoine. A sa vue, s'offre le fils d'un charpentier, fumant sa pipe devant l'atelier de son père.

Il l'appelle et lui dit : « Je suis M. Renan, membre de l'Institut. La science m'a démontré que l'établissement du Christianisme, est une œuvre purement humaine. Jésus n'est pas Dieu, il n'a pas fait de miracles. Ses apôtres étaient des rêveurs. Frappés d'hallucination, ce qui arrive souvent en Judée, ils ont cru voir ce qu'ils n'ont pas vu, entendre ce qu'ils n'ont pas entendu. Mes livres, que voici, t'en donneront la preuve.

« Excepté moi et mes pareils, l'humanité est, depuis dix-huit siècles, victime d'une honteuse mystification. Pour l'en convaincre, j'ai résolu de donner une répétition du fait, dont Jésus fut le héros.

III

« Je t'ai choisi pour exécuter cette entreprise : le succès fera ta gloire aussi bien que la mienne. Plein de cette pensée, tu vas recommencer le rôle de Jésus de Nazareth. Ce rôle t'est connu ; et tu es dans toutes les conditions voulues pour le remplir. D'une part, tu es charpentier et fils d'un charpentier ; d'autre part, tu n'as besoin pour réussir, ni d'agents surnaturels ni de miracles. A l'œuvre donc, et tu deviens immortel. »

IV

Sur la parole du savant académicien, le jeune charpentier quitte la boutique de son père, descend sur les bords de la Seine, et réunit autour de lui douze pêcheurs de profession. « Mes amis, leur dit-il, laissez là vos barques et vos filets. Suivez-moi ; j'ai une importante communication à vous faire. »

Ils le suivent.

V

Avec eux il monte sur les *Buttes-Chaumont*, et se retirant à l'écart, il les fait asseoir sur le gazon ; puis, il leur parle en ces termes : « Vous me connaissez ; vous savez que je suis charpentier de mon état et fils d'un charpentier. Il y a bientôt trente ans que je travaille dans la boutique de mon père. Souvent vous m'avez vu, lorsque vous veniez nous chercher pour réparer vos barques.

VI

« Eh bien ! vous êtes dans l'erreur. Je ne suis pas du tout ce que vous pensez. Tel que vous me voyez, je suis Dieu. C'est moi qui ai créé le ciel et la terre. J'ai résolu de me faire reconnaître pour ce que je suis et adorer dans tout l'univers, jusqu'à la fin des siècles. Je veux bien vous associer à ma gloire.

VII

« Voici mon projet : Je commence par courir, pendant quelque temps, en prêchant et en mendiant, les campagnes des environs de Paris. Les uns m'écoutent, les autres se moquent de moi et me repoussent. On m'accuse de différents crimes, et je manœuvre si bien que je me fais condamner à mort et conduire à l'échafaud. C'est là mon triomphe.

VIII

« Trois jours après l'exécution, je replace ma tête sur mes épaules ; je ressuscite, et vous dis : Allez, enseignez toutes les nations, les baptisant au nom du charpentier de Paris et leur enjoignant de croire tout ce que je vous ai enseigné, de faire tout ce que j'ordonne.

IX

« Paris sera le premier théâtre de votre prédication. Vous parcourez les rues ; vous vous arrêtez sur les places ; vous appelez les passants et vous leur dites : « Écoutez la grande nouvelle. Le « jeune charpentier du faubourg Saint-« Antoine, qui parcourait les campa-« gnes en mendiant et en prêchant; qui « s'est fait condamner à mort par la « cours d'assise, et qui a été exécuté « ces jours derniers, ce n'est pas un « homme, c'est le Fils de Dieu, le Créa-« teur du ciel et de la terre.

X

Afin d'avoir la gloire et le plaisir de

l'adorer, vous devez tous, sans exception, hommes, femmes, enfants, riches, pauvres, commencer par confesser que vous et vos pères, ainsi que tous les peuples du monde, n'avez été jusqu'ici qu'un troupeau d'ignorants, victimes des plus grossières erreurs.

« Ensuite, vous devez vous prosterner humblement à nos pieds, le repentir dans le cœur ; nous dire tous vos péchés, même les plus secrets, et faire toutes les pénitences qu'il nous paraîtra bon de vous imposer.

XI

« Puis, vous aurez la complaisance de vous laisser moquer, injurier, insulter sans mot dire ; mettre en prison, sans opposer la moindre résistance ; fouetter jusqu'au sang, l'action de grâces sur les lèvres ; enfin, trancher la tête sur la place publique, et croire du fond du cœur que c'est tout ce qui peut vous arriver de plus heureux.

« Voilà, mes amis, ce que vous répéterez mot à mot dans tous les quartiers de Paris. De là, vous vous répandrez dans les provinces ; vous traverserez les Alpes, les Pyrénées, l'Océan, et vous irez prêcher la même doctrine jusqu'aux extrémités du monde.

XII

« Je ne dois pas vous le dissimuler. Tout le monde se moquera de vous. Les grandes personnes diront que vous avez bu. Des troupes d'enfants courront après vous, en vociférant et en vous jetant des pierres. Tout cela causera du trouble dans la ville. Les agents de police vous arrêteront, vous serez traduits devant la justice. Le Procureur impérial vous fera de sévères semonces et vous défendra de prêcher ma doctrine.

« Vous ne l'écouterez pas, et vous la prêcherez de plus belle. On vous arrêtera de nouveau : vous vous laisserez arrêter. On vous fouettera de nouveau : vous vous laisserez fouetter. On vous mettra de nouveau en prison : vous vous laisserez mettre en prison. Enfin, pour vous faire taire, à Paris ou ailleurs, on vous coupera la tête : vous vous laisserez couper la tête. Alors tout ira pour le mieux.

XIII

« Quand cela sera fait, nous aurons complétement réussi : tout le monde voudra se convertir. Moi, je serai reconnu pour le seul vrai Dieu. On m'adorera d'abord à Paris, puis, dans tout le département de la Seine et dans les autres. De Paris mon culte passera à Rome, à Londres, à Pétersbourg, à Madrid, à Constantinople, à Pékin. Bientôt la boutique de mon père deviendra une jolie chapelle, où les pèlerins arriveront en foule des quatre coins du monde, et leurs riches présents feront l'orgueil de ma ville natale.

XIV

« Pour vous, mes douze apôtres, vous serez douze saints, qu'on invoquera par tout l'univers. On mettra vos os dans des autels d'or et de marbre ; vos statues dans des niches, et vos portraits, peints sur des bannières, seront portés en procession, non-seulement à Paris, mais dans le monde entier, jusqu'à la fin des siècles. Ainsi, vous arriverez en ligne droite à l'immortalité, sans compter le ciel que je vous promets pour toute l'éternité. Quel bonheur pour vous ! quelle gloire pour vos femmes et vos enfants !

« Convertir le monde n'est pas plus difficile que cela, et voilà mon projet. Il est comme vous voyez très-simple, très-logique, il n'excède en rien les forces humaines et n'exige pas l'ombre d'un miracle.

« Je peux compter sur vous, n'est-ce pas ? »

XV

Comment serait accueilli un pareil discours ? il n'est pas besoin de le dire. J'entends nos braves pêcheurs, irrités de la mystification dont ils sont l'objet, la reprocher énergiquement de la parole et du geste, peut-être du bras, à celui qui en est l'auteur. Je les vois descendre dans Paris, publiant partout que la tête du jeune charpentier du faubourg Saint-Antoine a déménagé.

Et personne ne serait étonné d'apprendre, que le nouveau dieu a été conduit, le jour même, à l'hospice de Charenton, où il jouit, au lieu des honneurs divins, du privilége incontesté de tenir le second rang parmi les fous, le premier appartenant, sans conteste, à l'inventeur du projet.

CHAPITRE XXVI

UNE CONCLUSION

I

Il est dûment établi que l'entreprise du charpentier de Paris est le sublime de la folie. Toutefois, elle n'est pas plus insensée que celle de Jésus de Nazareth, si Jésus de Nazareth n'est qu'un simple mortel, né dans une étable et nourri dans la boutique d'un artisan, agissant seul et sans le secours des plus éclatants miracles.

II

Elle l'est même beaucoup moins. Un charpentier de Paris vaut bien un charpentier de Nazareth. Un Français guillotiné n'est pas au-dessous d'un juif crucifié. Douze pêcheurs de la Seine peuvent bien, pour le savoir et le courage, soutenir la concurrence avec douze pêcheurs des petits lacs de la Galilée. Faire adorer un citoyen français du dix-neuvième siècle est, sans comparaison, moins difficile que de faire adorer un Juif au siècle d'Auguste.

III

Ainsi, lorsqu'on veut expliquer l'établissement du Christianisme par des causes purement humaines, on arrive en quatre pas au dernier degré du ridicule. Pourtant il n'y a pas d'effet sans cause. Quoi que fasse l'incrédule, le Christianisme est un fait, et ce fait importun se dresse devant lui de toute sa hauteur. Puisqu'il n'y a pas de cause humaine qui puisse en expliquer l'établissement, il faut donc, à moins d'admettre un effet sans cause, y reconnaître une cause divine. Dieu s'en est donc mêlé : il y a eu miracle.

IV

Mais si Dieu s'en est mêlé, le Christianisme est vrai, uniquement vrai, complétement vrai. A tous les dogmes qu'il enseigne, à tous les devoirs qu'il impose, il ne reste qu'à dire : CREDO.

Le Christianisme me dit : L'homme est tombé : CREDO.

L'homme a été racheté : CREDO.

Il a été racheté par Jésus-Christ, fils de Dieu fait homme : CREDO.

L'homme a une âme immortelle : CREDO.

Il y a un enfer éternel : CREDO.

Il y a un ciel éternel : CREDO.

Il y a une Église infaillible chargée d'enseigner la vérité : CREDO.

Cette Église subsistera jusqu'à la fin du monde : CREDO.

Cette Église est l'Église catholique, apostolique, romaine : CREDO.

V

Le Christianisme me dit que l'unique moyen d'éviter l'enfer et de mériter le ciel, est de faire ce qu'il m'ordonne : CREDO

Aimer Dieu plus que tout et mon prochain comme moi-même : CREDO.

Pardonner les injures : CREDO.

Respecter le bien d'autrui : CREDO.

Vivre chaste : CREDO.

Humble : CREDO.

Mortifié : CREDO.

Me confesser : CREDO.

Communier : CREDO.

VI

Puisque le Christianisme est vrai, complétement vrai, tous les systèmes contraires au Christianisme sont faux ; toutes les objections, nulles, attendu qu'il ne peut y avoir de vérités contradictoires.

Donc devant le seul fait de l'établissement du Christianisme, tous les systèmes : Rationalisme, Panthéisme, Matérialisme, Athéisme, Naturalisme, Césarisme, Sensualisme, Positivisme, Socialisme, Solidarisme, Spiritisme, qui lèvent aujourd'hui leur tête hideuse contre le christianisme, comme l'hydre de la Fable ou la bête de l'Apocalypse, sont faux, complétement faux.

Donc tous les sophismes, tous les *si*, tous les *mais*, tous les *pourquoi*, contre le dogme, la morale et le culte du Christianisme tombent à plat, comme la balle de l'Arabe fugitif contre la pyramide du désert.

VII

Notre but est atteint. Le Chrétien du dix-neuvième siècle connaît le REFUGE, le château fort, la citadelle imprenable, d'où il peut braver les attaques de ses ennemis, ainsi que les tourmentes et les dangers des temps actuels.

Ici pourrait finir notre tâche. Nous voulons néanmoins la poursuivre. Il nous semble utile de mettre en lumière tout ce qu'il y a de puissance, non-seulement *défensive*, mais *offensive* dans ce mot merveilleux : CREDO.

CHAPITRE XXVII

UNE ARME OFFENSIVE

I

Annihiler d'un seul coup toutes les objections, tel est le premier, l'immense avantage du fait sur lequel pose le CREDO du chrétien, l'établissement du Christianisme. Les tourner en preuves et en preuves triomphantes, en est un autre.

De bouclier et de refuge qu'il était, le CREDO devient *revolver* et *canon rayé*. Arme défensive, il se change en arme offensive d'une puissance et d'une précision que rien n'égale. Nous allons le montrer.

Assez longtemps l'impie s'est donné libre carrière contre la religion, il nous sera bien permis d'user une fois de représailles et de tourner contre lui ses propres armes. Assez souvent l'incrédule a transformé le chrétien en idiot : l'incrédule peut-il trouver mauvais que le chrétien le transforme en apologiste ?

II

Pour les libres penseurs de toute nuance, panthéistes, matérialistes, socialistes, solidaristes, rationalistes, spirites, le Christianisme n'est pas même un système raisonnable. Ils y découvrent une foule de choses qui ne soutiennent pas la critique, ou qui heurtent le bon sens. Leurs objections contre le dogme attaquent la divinité et même l'existence de Notre-Seigneur Jésus-Christ. Pour les uns, Jésus de Nazareth n'est qu'un homme comme un autre. Pour ceux-là il est simplement un mythe, inventé dans le but de personnifier un système, comme les héros et les demi-dieux de la mythologie.

III

Les douze apôtres sont les douze signes du zodiaque ; ou, s'ils ont existé, c'étaient des fanatiques, dupes de leur imagination, qui ont affirmé avoir vu ce qu'ils n'avaient pas vu, entendu ce qu'ils n'avaient pas entendu, touché ce qu'ils n'avaient pas touché.

Dans leur ensemble, les mystères du Christianisme forment un tissu de contradictions, d'impossibilités, d'absurdités et de rêveries, dont le moindre degré de science suffit pour faire prompte et souveraine justice.

IV

Quant à la morale, ils soutiennent que c'est un fatras de lois et de pratiques dont les unes sont surannées, inutiles, arbitraires, superstitieuses ; les autres, impossibles à observer, contraires aux penchants les plus impérieux de la nature et aux droits imprescriptibles de la liberté humaine. D'où ils concluent qu'un Dieu infiniment juste et infiniment sage ne peut en être l'auteur.

Ainsi, absurdité d'une part, impossibilité ou inutilité de l'autre : voilà le dernier mot des incrédules sur le Christianisme. Il en résulte qu'en l'embrassant le genre humain a été frappé d'hallucination.

V

Basé sur le fait de l'établissement du Christianisme, le CREDO tourne en preuve victorieuse cette double attaque. Par ce qui précède nous avons vu, et bien vu, que même en acceptant le Christianisme comme un système raisonnable, il est impossible d'en expliquer l'établissement par des moyens humains. A moins d'admettre un effet sans cause, il faut de toute nécessité recourir aux miracles, et aux miracles les mieux conditionnés.

VI

Vous venez maintenant nous dire, et vous vous efforcez de le persuader au monde entier, que le Christianisme n'est pas même un système raisonnable ; que son dogme est faux, incroyable, absurde en beaucoup de points. Qu'est-ce que cela ? Sinon augmenter immensément la difficulté, déjà si grande, de le faire accepter, et démon trer avec une force nouvelle l'existence la nécessité, le nombre et l'éclat des miracles qui l'ont persuadé à l'univers ?

VII

Plus vos objections sont fortes, plus elles sont nombreuses, plus aussi vous faites grandir la difficulté de l'entreprise. Par conséquent, plus le miracle vous saisit à la gorge et vous force de confesser la réalité et la puissance de l'intervention divine, qui a fait plier sous le joug de la foi chrétienne les plus fières intelligences, la raison même du genre humain.

VIII

Sans vous en douter, vous vous transformez en apologiste, et devenez pour vous-même un vrai Père de l'Église. Bon gré, malgré, vous êtes contraint de vous tenir ce langage : « Mes objections contre les dogmes chrétiens ne sont pas nouvelles. Toutes ont été faites, et d'autres encore, à la naissance même du Christianisme, par les hérétiques, par les philosophes païens, par des négateurs non moins habiles que moi.

« Pas un dogme de la foi chrétienne qui n'ait été cent fois attaqué par le raisonnement, par la science, par l'histoire, par tous les genres d'objections, et cela avec une supériorité qui n'a point été dépassée. Pas un mystère qui n'ait été travesti, dénaturé, joué sur les théâtres, et livré aux risées d'un monde qui en entendait parler pour la première fois.

IX

« Si donc, malgré mon éducation dans un pays chrétien, malgré l'exemple de tant de grands hommes et de tant de grands peuples qui ont cru ; de tant de personnes, non moins éclairées que moi, qui continuent de croire ; malgré une possession publique de dix-huit siècles, le dogme du Christianisme me paraît si contraire à la raison que je le trouve impossible à croire : que devait-il paraître au monde païen, sinon un scandale à faire trébucher les plus fermes esprits ; une folie à aiguiser tous les sarcasmes, à provoquer tous les rires, à faire hocher toutes les têtes

« Plus je sens la force des objections,

plus aussi s'élèvent, à mes propres yeux, ce scandale et cette folie, par conséquent mieux je comprends l'impossibilité absolue où était le monde païen de croire au Christianisme.

X

« Pourtant, ce dogme chrétien, qui m'apparaît comme un système incohérent et qui ne se soutient pas devant ma critique ; comme un mélange ridicule de fables et de contradictions ; comme une montagne d'absurdités et d'impossibilités, l'univers l'a cru.

Il l'a cru, sur la parole de douze ignorants.

« Il l'a cru, en plein siècle d'Auguste, c'est-à-dire comme je l'ai appris au collége, dans le siècle par excellence des lumières, de la philosophie, de l'éloquence et des arts.

« Il l'a cru, malgré les oppositions cent fois renouvelées des libres penseurs contemporains, dont les livres et la plume ne cessaient de lui dire absolument tout ce que je me dis à moi-même. Le dogme du Christianisme est un tissu de conceptions imaginaires, un plagiat maladroit de vieilles traditions orientales et de quelques formules philosophiques.

XI

« Il l'a cru, malgré les maîtres de la terre armés pour le proscrire; malgré Néron, Domitien, Dioclétien, Galère; malgré les lions, les tigres, les bûchers, les peignes de fer, employés pour l'empêcher d'y croire.

« Il l'a cru, sur tous les points du globe, à Athènes, à Rome, en Orient et en Occident.

« Et malgré moi et mes pareils, il le croit encore.

XII

« Quels moyens d'expliquer ce fait impitoyable ?

« Deux seulement : le DÉLIRE ou le MIRACLE.

« Le miracle, je ne l'admets pas ; si je l'admettais, je serais catholique.

« Le délire ; mais qui en est atteint Suis-je bien sûr que ce n'est pas moi?

« Suis-je bien sûr d'avoir seul raison contre tout le monde et d'être seul sage, seul éclairé parmi les mortels ?

XIII

« Puis-je prendre une confiance raisonnable à des objections qui n'ont rien de solide aux yeux du reste des hommes, et qui peut-être me sembleraient illusoires à moi-même, si mon cœur n'égarait ma raison ?

« Je me crois sage; et, par l'organe de ses grands hommes et de ses grands peuples, le monde entier me dit que je ne suis que dupe, martyr d'une vaine erreur ?

« Le monde ne dirait-il pas vrai ?

XIV

« Me faire apologiste malgré moi, tel est le résultat auquel aboutissent mes objections contre les dogmes du Christianisme. J'ai si bien manœuvré, que toutes sont devenues des preuves écrasantes ; en sorte que je me trouve enfermé dans un cercle de fer, d'où je ne puis sortir que par deux issues :

DÉLIRE OU MIRACLE ;

FOU OU CATHOLIQUE.

« Pas de milieu. »

CHAPITRE XXVIII.

SUITE DU PRÉCÉDENT.

I

Non moins que les objections contre le dogme du Christianisme, les attaques contre sa morale ont pour effet inespéré d'affermir le Credo du Chrétien. Toutes les réclamations de l'orgueil, tous les murmures des passions, toutes les révoltes de la nature contre les préceptes de l'Évangile, tendent à montrer que ces préceptes sont inutiles, impraticables, surannés, contraires à la liberté de l'homme, du moins qu'on peut en prendre ou en laisser, sans conséquence.

II

De là que résulte-t-il ? Encore la preuve palpable de l'existence, de la nécessité, du nombre et de l'éclat des miracles qui ont forcé le monde à courber la tête sous le joug de la morale chrétienne. Plus les objections paraissent fortes, plus elles sont nombreuses, plus aussi elles font grandir la difficulté de l'entreprise ; par conséquent, plus elles font briller la force victorieuse des miracles qui ont triomphé des résistances de l'univers.

III

Ici le libre penseur, Renan, Proudhon, Strauss, quels que soient sa science, son âge ou son nom, se trouve de nouveau transformé, dans le fort de sa conscience, en apologiste involontaire.

Il est condamné à se dire : « La morale du Christianisme était, il y a dix-huit siècles, ce qu'elle est aujourd'hui. Or, cette morale me paraît en beaucoup de points inutile, facultative, surannée, impraticable, contraire à ma raison et à ma liberté.

C'est moi qui tiens ce langage ! moi

qui sens cette impossibilité ! moi qui proclame cette liberté de choisir les préceptes qui me conviennent et de laisser ceux qui ne me conviennent pas !

IV

« Qui suis-je, donc? moi, né au sein du Christianisme ; moi, habitué dès l'enfance à regarder la loi évangélique comme une loi divine et de tous points obligatoire ; moi, façonné sur les genoux de ma mère au joug qu'elle impose ; moi, qui ai grandi dans une atmosphère chrétienne et qui vis environné d'exemples, dont la voix incessante me prêche et la nécessité absolue de la morale du Christianisme et la possibilité de la pratiquer !

V

« Si, malgré tout cela, elle me paraît impossible, inutile, facultative; à plus forte raison combien dut-elle le paraître au monde païen, enseveli dans les plaisirs des sens, lorsqu'elle lui fut annoncée pour la première fois. Comment donc tant de jeunes gens, de chair et d'os comme moi, aussi faibles, aussi riches, aussi instruits, aussi passionnés que moi, peut-être plus ; comment tant d'hommes de tout âge, de tout rang, de tout pays, de toute condition, aussi habiles, aussi savants que moi, peut-être plus, ont-ils pu accepter comme vraie, comme obligatoire, comme possible, cette même morale que je déclare fausse, facultative, impossible?

VI

« Comment s'y sont-ils soumis avec tant de docilité? Comment l'ont-ils observée de tous points et avec une perfection soutenue, alors que pour la pratiquer il fallait non-seulement enchaîner des passions, nourries dès le berceau par des habitudes contraires, fortifiées par l'exemple universel, consacrées par la religion; renverser de fond en comble ses idées, ses goûts, sa vie entière; rompre, par conséquent, des chaînes auprès desquelles les miennes ne sont que des guirlandes de fleurs : mais encore consentir à être renié par ses proches, dépouillé de ses biens, criblé de sarcasmes, fouetté jusqu'au sang, marqué d'un fer rouge, envoyé aux galères, en attendant, pour dernier encouragement, le délicieux plaisir d'être rôti tout vif, ou gracieusement broyé entre les dents d'un lion d'Afrique ou d'un ours de Germanie, aux battements de mains de tout un peuple?

VII

« Quel moyen d'expliquer ce nouveau fait, non moins impitoyable que le premier

« Deux seulement : le DÉLIRE ou le MIRACLE.

« FOI OU FOLIE :

« Pas de milieu.

VIII

« Voilà le résultat des objections de mon esprit et des révoltes de mon cœur contre la morale du Christianisme. De degré en degré j'en suisvenu à démontrer, mieux que tous les apologistes, l'impérieuse nécessité et l'inébranlable certitude des miracles, dont l'éclat seul a pu vaincre, dans le genre humain tout entier, la plus formidable opposition qui se puisse concevoir : l'orgueil des sens, la faiblesse du cœur et la violence des passions, ligués contre la morale évangélique.

IX

« Cette démonstration a de plus la perfide propriété de grandir en raison directe de mes difficultés. Plus vives sont mes passions, plus indomptables sont mes sens, plus invétérées sont mes habitudes, plus pesantes sont mes chaînes, et plus je comprends la nécessité et la force irrésistible des miracles qui ont triomphé de toutes ces choses, dans le monde du siècle d'Auguste, et lui ont fait, au prix de son sang, accepter et pratiquer une morale, dont personne mieux que moi ne connaît l'impossibilité.

X

« Que me reste-t-il ?

« Prétendre que la croyance du genre humain au Christianisme est l'effet d'une hallucination?

« Mais on ne manquera pas de me répondre : Si le genre humain est halluciné, qui vous a dit que vous ne l'êtes pas ?

« Si tous les hommes sont fous, prouvez que vous êtes sage.

XI

« Que me reste-t-il donc ? A moins de fermer les yeux pour ne pas voir et de me condamner à une inconséquence perpétuelle, qui serait le ver rongeur de ma conscience, la honte de ma vie et le tourment de ma mort, il me reste à revenir à la foi de mon baptême, et à professer, plus encore par ma conduite que par mes paroles, l'inattaquable CREDO du monde catholique. » Ce parti seul est raisonnable :

CREDO.

CHAPITRE XXIX

RÉSUMÉ GÉNÉRAL

I

Effrayé des immenses dangers qui menacent aujourd'hui la foi d'un grand nombre d'âmes, nous avons voulu leur procurer un REFUGE assuré.

Ce refuge est dans ce mot CREDO.

Fondé sur un miracle le plus éclatant de tous et toujours subsistant, ce mot, bien compris, est pour le chrétien un infaillible moyen de défense et un principe éternel de victoire : *Hæc est victoria quæ vincit mundum, fides nostra.*

Quel est ce miracle?

C'est la conversion du monde, résumée dans ce fait :

LE MONDE ADORE UN JUIF CRUCIFIÉ.

II

Ce fait donne lieu au raisonnement suivant : Ou ce Juif crucifié est Dieu, ou il n'est pas Dieu.

S'il est Dieu, tout s'explique. Le monde adore le Juif crucifié, Jésus de Nazareth, parce que des miracles d'un éclat irrésistible, opérés par lui et par ses disciples, ont prouvé sa divinité et forcé la foi du genre humain. Dans ce cas, le Christianisme, étant l'œuvre de Dieu, est vrai, complétement vrai, éternellement vrai ; et rien n'est mieux fondé que le CREDO du chrétien.

Si le Juif crucifié, Jésus de Nazareth, qui, depuis dix-huit cents ans, trône sur les autels du genre humain, n'est pas Dieu, le monde entier, le monde civilisé est frappé d'une immense, d'une incurable hallucination : attendu que sur la simple parole de douze ignorants, de douze faussaires, de douze fanatiques qui sont venus lui dire avoir vu ce qu'ils n'avaient pas vu, entendu ce qu'ils n'avaient pas entendu, il a, contrairement à toutes les lumières de sa raison et malgré tous les penchants de son cœur, adoré, et qu'il adore, comme le Créateur du ciel et de la terre, un Juif crucifié qui s'est dit Dieu et qui ne l'est pas.

III

La première conclusion de ce raisonnement est que le CREDO du chrétien, basé sur le fait de l'établissement du Christianisme, avec miracles ou sans miracles, demeure un refuge inexpugnable.

La seconde, qu'il enferme l'incrédule dans un cercle de fer d'où il ne peut sortir que par l'une de ces deux issues :

La FOI, à sa plus haute puissance ;

Ou la FOLIE, à ses dernières limites.

IV

Viennent maintenant les Puissances de ténèbres avec leurs heures néfastes ;

Les Temps mauvais, divinement annoncés, avec leurs périls de tout genre : l'affaiblissement de la foi, la décadence des mœurs, la progression des crimes, l'énormité des scandales ;

Les Hérétiques, avec leur activité fébrile de propagande menteuse, leur or corrupteur et leur dénigrement du catholicisme ;

Les Rationalistes, avec leurs blasphèmes et leurs sophismes chaque jour renouvelés ;

Les Solidaires, avec leur haine de la vérité, poussée jusqu'à la fureur ;

Les Négateurs de toute nuance et de toute taille, avec leurs superbes dédains et leurs ricanements sataniques ;

Les Révolutionnaires, avec leurs projets anarchiques, savamment élaborés dans les antres ténébreux des sociétés secrètes ;

Les Spirites, avec leurs oracles, leurs prestiges et leur prétention, hautement avouée, de substituer le culte des démons au culte du vrai Dieu ;

V

Que les Gouvernements, frappés de démence, se liguent contre le Christianisme et contre l'Eglise ; qu'ils substituent le droit de la force à la force du droit, et ramènent les hommes à la morale des loups ;

Que les Nations, atteintes du *militarium tremens*, s'organisent en camps armés ; et qu'en prévision d'hécatombes humaines, inconnues dans l'histoire, toute leur sollicitude soit de trouver une arme capable de tuer cent hommes dans une minute.

Que le Monde baptisé, ce monde qui doit tout au Christianisme, se mette en insurrection permanente contre Notre-Seigneur Jésus-Christ; qu'il tourne contre son Vicaire les armes de ses soldats et les ruses de sa diplomatie; qu'il le dépouille de ses biens ; qu'il nie ses droits et l'abreuve d'outrages ;

Que la Papauté temporelle s'écroule et avec elle la clef de voûte de l'édifice social;

Que Pie IX, chassé de sa demeure par ses propres enfants, soit contraint de prendre le chemin de l'exil ;

Que des semences de schisme se manifestent et donnent lieu à de lamentables défections;

Qu'enfin, sous un nom ou sous un autre, Solidarisme, Maçonisme, Satanisme, Socialisme, la Révolution triomphante déchaîne toutes les mauvaises passions, ébranle les trônes, disloque les empires, noie dans le sang la civilisation moderne et attire sur la terre coupable des catastrophes justement méritées :

Le chrétien ne sera point ébranlé.

VI

Fort de son CREDO, lui, enfant, jeune fille, pauvre servante, petite ouvrière, obscur laboureur, il laissera passer, tranquille et confiant, la justice de Dieu.

Il sait et il saura toujours,

Que toutes ces tempêtes ont été prédites ;

Qu'il ne tombera pas un cheveu de sa tête, sans la permission de son Père céleste ;

Que tout ce qui arrive tourne au bien des élus ;

Que les portes de l'enfer ne prévaudront point contre l'Eglise, et que ses ennemis pourriront bientôt dans le tombeau qu'ils avaient creusé pour elle.

VII

LE MONDE ADORE UN JUIF CRUCIFIÉ.

A l'abri de ce fait, base indestructible de son CREDO, le Chrétien, quel qu'il soit, attendra de pied ferme les ennemis de son Dieu et de sa foi. Au lieu de se troubler de leurs sophismes; au lieu de s'évertuer à les repousser par le raisonnement, il les transformera en preuves victorieuses et fera ce que font les enfants du siècle, quand ils sont au spectacle : il se contentera de regarder, d'écouter et d'applaudir.

VIII

Quand ils auront bien disputé, bien nié, bien raisonné et encore plus déraisonné, il leur dira : « Courage; en croyant faire votre œuvre, vous faites la mienne. Multipliez vos objections, vos négations, vos sarcasmes. Sapez tous les fondements du Christianisme; niez les prophéties; niez les miracles; niez Jésus-Christ; transformez ma religion en un tissu de rêveries, d'inutilités, d'impossibilités : plus ses dogmes paraîtront absurdes et sa morale impraticable; plus les apôtres seront hallucinés, faibles, ignorants, méprisables; plus les sophistes et les impies auront eu ou auront d'esprit, de savoir, d'éloquence, de crédit : plus ma foi devient vive et votre folie palpable.

« Mieux que personne vous avez démontré que l'adoration d'un Juif crucifié, par toutes les nations civilisées du globe, est un fait inexplicable, évidemment au-dessus des forces humaines : par conséquent, évidemment divin, *Incredibile ergo divinum* (1).

(1) N'ayant pas voulu faire un ouvrage d'érudition de cet opuscule destiné à toutes les classes de lecteurs, nous avons omis les citations. Si on désire connaître les preuves sur lesquelles s'appuie l'histoire de l'établissement du Christianisme, il suffira de consulter Bullet, *Histoire de l'établissement du Christianisme ;* De Colonia, *la Vérité du Christianisme*, *prouvée par les auteurs païens ;* Mamachi, *Origines et antiquitates christianæ;* Baronius, *Annales ecclesiastici*, an. 34-130; Tacite, *Hist.*, lib. XV; Plinius, *ad Trajanum ;* Suetonius, *in*

Vespas. et Domitian.; saint Justin, Tertullien, Arnobe, Minutius Félix; Celse, Porphyre, Lucien; et le *Catéchisme de persévérance*, dont cette publication de circonstance est, en grande partie, une page détachée.

FIN.

TABLE DES MATIÈRES

Corbeil, typ. et stér. de Crété.

www.ingramcontent.com/pod-product-compliance
Lightning Source LLC
LaVergne TN
LVHW041032150826
845672LV00001B/277